活在你的优势上

璐璐 著

·北京·

图书在版编目（CIP）数据

活在你的优势上 / 璐璐著 . -- 北京：中国经济出版社 , 2023.11
ISBN 978-7-5136-7461-4

Ⅰ．①活… Ⅱ．①璐… Ⅲ．①网络营销 Ⅳ．① F713.365.2

中国国家版本馆 CIP 数据核字（2023）第 174165 号

策划编辑	龚风光　王　絮　杨　祎
特邀策划	书香学舍
责任编辑	王　絮　杨　祎
责任印制	马小宾
封面设计	任燕飞

出版发行	中国经济出版社
印 刷 者	北京艾普海德印刷有限公司
经 销 者	各地新华书店
开　　本	880mm×1230mm　1/32
印　　张	7.25
字　　数	158 千字
版　　次	2023 年 11 月第 1 版
印　　次	2023 年 11 月第 1 次
定　　价	59.80 元

广告经营许可证　京西工商广字第 8179 号

中国经济出版社 网址 www.ecnomyph.com 社址 北京市东城区安定门外大街 58 号 邮编 100011
本版图书如存在印装质量问题，请与本社销售中心联系调换（联系电话：010-57512564）

版权所有　盗版必究（举报电话：010-57512600）
国家版权局反盗版举报中心（举报电话：12390）服务热线：010-57512564

自 序

看见优势，极速成长
——从"乖乖女"变身为"商业大女主"

我从小就是别人眼中的"乖乖女"，在爸妈的安排下，循规蹈矩地生活着。为了成为爸妈心中的骄傲，我在学习上从来不敢松懈：18岁，我以全校第一的成绩考入大学，专业排名多次位列第一，拿遍应得的奖学金；22岁，我被保送至北京交通大学攻读硕士学位，进入了这所双一流高校；24岁，我硕士研究生毕业，成功拿到了世界500强公司的录用通知书。

当时，我心想，自己寒窗苦读这么多年，总算有机会在北京稳定生活、安家落户了。可是，真正进入社会后，我却被现实狠狠地打了一巴掌。

工作第一年，我的月薪只有5000元，而海淀区一个单间的月租金就要接近4000元。为了节省开支，我只能搬进合租房。在北京，我每一刻都在努力生活着，勤勤恳恳、小心翼翼，渴望有朝一日能过上我想要的生活。

这样的北漂生活一晃就是两年。直到有次同学聚会，比我早来北京几年的学姐一不小心跟我说了"真心话"："璐璐呀，我看你很努力，但实话实说，咱们女生在职场上基本没什么上升空间，与其拼事业，你不如早点儿找个好男人结婚算了。"

其他的话,我已经记不清了,只记得回家后我哭到了凌晨两点。难道我真的要把自己的人生寄托在别人身上吗?难道我真的没有办法靠自己在北京立足了吗?我陷入了深深的自我怀疑中。勤奋可能真的没办法改变命运。

后来,我还是按时踏进公司大门,坐在同一个格子间工作,和同样的人聊着同样的话题。表面上,我看起来风平浪静,但我的内心早已动荡不安。

我感到自己的成长空间真的非常有限。人累不要紧,最怕的就是没了期待。

我想,既然靠硕士学位拿不到高收入,那我就在学历上最后拼一把——申请攻读博士学位。为了尽快考过托福,我每天下班都会去附近的学校上晚自习。厚厚的申请材料、密密麻麻的推荐信和快要被我翻烂的单词书,摆满了我的桌子。

作为一个从来都不喝咖啡的人,那段时间,喝咖啡竟然成了我的习惯。我拼了命地努力,终于换来了哥伦比亚大学的面试通知。

那一晚,我开心到失眠,我总算找到了新的出路。可是,就在我信心满满,准备大干一场的时候,新型冠状病毒感染引起的肺炎疫情暴发。在家人的反对下,我不得不放弃名校抛出的橄榄枝。

工资不高、晋升有限、留学梦破灭,短短一年的时间内,我被现实狠狠打击了三次,所有摆脱现状的路径,全部被堵死。

一切从头考虑,一切重新再来。用迷茫痛苦、辗转反侧来形容我那时的状态,真的一点儿都不为过。

/ 自序 /

我突然意识到，我过去二十多年拥有的东西，都不过是表面的浮华，我始终没有找到适合自己的成长路径。因为我没有找到自己的优势，更没有活在自己的优势上，所以我过得一点儿都不快乐。

面对残酷的现实，作为"乖乖女"的我，做出了人生第一次"离经叛道"的选择——从零开始做小红书。

谁能想到，就是这一次勇敢的决定，彻底改变了我的人生走向。它让我从"乖乖女"变身为"商业大女主"，真正活出了自己想要的人生。

在很多人的眼中，我仿佛是一只被幸运砸中的锦鲤，好像做什么事情都不需要努力就可以获得很好的成绩。但只有我自己知道，我必须竭尽全力，才能看起来毫不费力。

这两年来，我最深刻的感受是，普通人做好自媒体真的可以改变命运。只要我深耕自媒体领域，不断发挥自己的优势，放大自己的优势，我就一定可以成为与众不同的发光体。

我之所以要写这本书，是因为想告诉那些还处在迷茫、焦虑中的朋友：只要你能活在自己的优势上，你就有机会活出自己期待的样子。

我是做小红书博主起家的，在这个平台上，我看到并发挥了自己的优势。但是，我想跟大家分享的并不单单是运营小红书的做法，而是要讲一讲优势的底层逻辑。我会告诉你如何找到自己的优势，怎样根据优势确定赛道，怎么借助优势打造品牌，如何围绕品牌优势构建商业模式，怎样结合优势设计用户需要的产品，如何找准优势向上社

活在你的优势上

交,等等。这是一本让你借助优势巧妙逆转人生的实战宝典。

创业的路上,不怕你走得慢,就怕你走错方向还浑然不知。希望这本书,可以给大家一些启迪,让你看到真实的自己、看到优势的力量。

请相信,努力的方向对了,你就会拥有在人生道路上前进的加速度。

目 录

/ 第一章 /
定位自身，找到你的优势

正确认识自己，探寻你的优势	002
优势源自你的求知欲	003
从擅长出发，一步步探寻优势	004
联结优秀的人，让你的优势更明显	009
逃离原生家庭，发掘你的人生优势	010
有选择地听父母的话	012
摒弃传统教育观念，看到女性天然优势	013
用小成果扭转偏见	014
摆脱原生家庭的束缚，发挥你的独特优势	015
让小优势变成一种天赋	018
优势让人生进入快车道	019
三个方法，找到你的优势	020
学会深度思考，非天生学霸也能逆袭	022
分享欲是每个人与生俱来的优势	024
不擅长社交的人，如何让交往力成为你的优势	025

快速积累你的后天优势　　　　　　　　　　027
　　持续积累优势的三种内在力量　　　　　028
　　复利思维与刻意练习，助你建造优势城堡　029
　　做事之前先扬言，让优势快速积累　　　030
五种思维方式，助力彰显你的优势　　　　　033
　　复盘思维　　　　　　　　　　　　　　033
　　成长型思维　　　　　　　　　　　　　034
　　利他思维　　　　　　　　　　　　　　035
　　谦卑思维　　　　　　　　　　　　　　035
　　富人思维　　　　　　　　　　　　　　036
巧合汇在一处，你就有了优势　　　　　　　038

/ 第二章 /

借助优势，基于趋势确定创业赛道

如何根据趋势，判断创业方向　　　　　　　042
　　创业如何抢占先机，一招制敌　　　　　043
　　未来，哪些赛道有机会年入百万　　　　043
　　认清四个圈子，和有所成就的人在一起　045
　　从优势出发，形成你的竞争力　　　　　046
　　创业早期的六条建议　　　　　　　　　047
　　细分赛道，做有创造性的事　　　　　　049
设立目标，提升创业效率　　　　　　　　　051
　　按节奏制订收入计划，才能不焦虑　　　052
　　三条管理原则，激发团队战斗力　　　　053
　　小而美的团队，绝不养闲人　　　　　　054
发挥女性优势，实现创业稳赢　　　　　　　056
　　做擅长的事，其他的交给别人　　　　　056

/ 目录 /

  像玩游戏一样，打怪通关　　　　　　057
  我的自媒体升级打怪之路　　　　　　059
用好业余时间，实现弯道超车　　　　061
  学会一鱼多吃　　　　　　　　　　　061
  买别人的时间　　　　　　　　　　　062
  制订SOP，提高执行力　　　　　　　062
创业时，如何保持情绪稳定？　　　　063
  接纳情绪　　　　　　　　　　　　　063
  找到根源　　　　　　　　　　　　　064

/ 第三章 /

凸显优势，打造个人品牌

定位一个能发挥优势的赛道　　　　　068
  打造个人品牌，为什么价值百万　　　069
  定位定江山，基于优势定赛道　　　　071
  做大众赛道，借优势获取流量　　　　072
  定位小众赛道，逐步深挖优势　　　　072
如何打造人设，让别人第一眼就记住你　074
  打造人设的常见误区　　　　　　　　074
  如何写好自媒体账号简介，提升粉丝转化率　075
讲好品牌故事，凸显你的优势　　　　077
  做营销，不如讲故事　　　　　　　　077
  真实和共情，是品牌故事的底层优势　078
  好故事，是普通人的英雄之旅　　　　079
在优势领域做长寿账号　　　　　　　082
  快速起号的三种账号类型　　　　　　082
  找准对标账号，一年顶十年　　　　　084

让取得成果的人，帮你发挥优势　　086
账号涨粉的五个秘诀　　087
获取流量的技巧和心得　　088

/ 第四章 /

围绕优势，构建商业模式

设计简单且聚焦的商业模式　　092
　　基于四个基本点，设计有优势的商业模式　　093
　　"璐璐"的商业模式是什么　　094
　　加入好的圈层，合作共生　　095
　　构建商业模式的三点建议　　095
从 0 到 1 打造有优势的商业品牌　　098
　　以变现为导向，做有优势的商业品牌　　098
　　六种变现模式，让你的优势成为"印钞机"　　099
　　如何从 0 到 1，完成商业品牌的内容策划　　100
　　两个阶段，做小而美的商业品牌　　102
如何打造一支高质量的团队　　104
　　三个关键点，招募靠谱的人　　104
　　如何激发员工的内驱力　　106
　　如何找到优势互补的合伙人　　107
运营的本质是运营人心　　109
　　运营逻辑：不要把用户当数据看　　109
　　高端私域运营，如何建立边界感　　110
　　商业运营的三个层次　　113
　　打好标签，把精细化运营变成优势　　114
　　发好朋友圈，放大你的优势　　115
四个方法，用优势做好销售　　119

认可自己的优势，内心对产品认同	119
设置钩子见面礼，强有力地引流	120
解决销售三问，在直播间展现优势	121
设计销售话术，让你疯狂爆单	123

/第五章/
结合优势，设计用户需要的产品

结合优势做产品，为用户提供最大化价值	126
传统意义上的六种产品类型	126
结合优势，设计产品	128
根据优势，打造你的尖刀产品	128
善用漏斗模型，做好用户分层	130
如何用漏斗模型设计产品	130
璐璐的产品模型	131
什么样的产品是好产品	134
先分析优势，再制定产品策略	136
知识博主如何选择适合自己的产品	136
边学边干，让自己成为专家	137
各个流量平台，哪个更有利于售卖产品	139
两种方法，增强产品竞争优势	140
三点切入，打造差异化的产品	141
三大心法，打造高客单产品	142

/第六章/
经营优势，向上社交

靠谱的圈子，助你不断放大优势	146

寻找圈子，补齐四种差距	146
付费学习是对提升自我的一笔投资	148
撬动圈子力量，倍速提升变现能力	149

如何发挥优势，向上社交 151
向上社交的三个常见误区	151
向上社交，不要想着一步登天	153
选择对的人，向上社交	153
有社交恐惧症，不敢向上社交怎么办	154

如何精准社交，跨越圈层 156
人脉在于精，而不在于多	156
成为人群中的前 10%，用优势横向跨圈	157
做一个让别人舒服的人	159
千万不要害怕被拒绝	160

经营好优势，贵人会如约而至 162
贵人出现，是优势使然	162
经营关系，善意是最好的催化剂	164

破圈成长，活在你的优势上 167
破圈的四个阶段	167
提炼稀缺优势，跨界破圈	169
破圈是扩圈，而不是弃圈	170
如何发挥优势，一年顶十年	170
未来的机会，藏在你的优势里	172

附录一　高价值定位

为什么说，今天的小红书依旧遍地黄金	175
做小红书，新人会掉入的三个陷阱	178
起号陷阱	178

变现陷阱	179
数据陷阱	181

附录二　思维定胜负

培养吸金体质的六种思维　　　　　　　　　　182
时间复利思维　　　　　　　　　　　　　　　182
利他思维　　　　　　　　　　　　　　　　　183
向上社交思维　　　　　　　　　　　　　　　184
学习迭代思维　　　　　　　　　　　　　　　185
多渠道收入思维　　　　　　　　　　　　　　185
沟通思维　　　　　　　　　　　　　　　　　185

附录三　学员案例

减脂赛道——采优	187
英语启蒙赛道——Echo	190
天赋教育赛道——陈蕾天赋姐姐	193
美学赛道——大双老师	196
销售管理培训赛道——贝琳达	200
女性成长赛道——清华姐姐	203
知识付费赛道——小葵	205
留学赛道——铁锤老师	208

寄语　　　　　　　　　　　　　　　　　　　　211

把自己放在正确的位置上，你就活在了自己的优势上。

第一章
定位自身,找到你的优势

正确认识自己，探寻你的优势

大部分人可能一辈子发现不了自己的优势，也许要活到八十岁，在回顾自己的人生时才觉悟，原来过去做的事情都是自己不感兴趣、不擅长的。在发现自己的优势之前，我也经历过迷茫痛苦、浑浑噩噩的阶段，但幸运的是，我现在已经找了自己的优势，找到了感兴趣的事，而且乐享其中。

具体如何判断自己是否活在优势上呢？我们不妨想象一个场景——周末出去玩的时候，看到跟自己工作相关的事情，你的第一反应是什么？

A："天呐！我得赶紧把手机关了，休息日工作千万不要来烦我。"

B："这件事和我的工作有关系，我要赶紧记下来，好好研究研究！"

如果你的第一反应是A，想立刻关掉手机，那很遗憾，你正在做的事情十有八九不适合你。你的生活状态大概是，对工作毫无兴趣，还没

第一章
定位自身，找到你的优势

干什么事情身体就开始疲惫，常常自我怀疑、内耗纠结，还时不时感到憋屈，没钱、没时间、不开心。为什么会出现这样的状态？因为你把自己用错了地方。你把自己放在一个错误的位置上，只会让自己越来越痛苦。

如果你的第一反应是 B，觉得"这件事和我的工作有关系，我要赶紧记下来"，那么此刻的你，大概率每天对工作充满热情，精神饱满、身体舒适、时间自由，对未来充满期待。当你处于这种状态的时候，恭喜你，你把自己用对了地方。把自己放在正确的位置上，你就活在了自己的优势上。

优势源自你的求知欲

现在的我，是在小红书平台上拥有几十万个粉丝的头部知识博主，也是璐璐自媒体商学院的创始人和红人馆私董会[1]的主理人。我孵化陪跑过 1000 个以上的自媒体账号，视频累计播放量破亿。但你知道吗？这一切的结果，都是我平时在下班回家之后，利用别人看电视或者刷视频的时间达成的。

我并不是专业出身，却能取得这样的成绩，核心原因就是：我对短视频拍摄有旺盛的求知欲。但凡有相关的新知识出现，我会第一时间去买书、报课，主动学习。通过对内容和平台规则的不断研究，我

---

[1] 私董会：指私人董事会，也叫总裁私董会、总裁私享会。这是一种新兴的企业家学习、交流与社交的模式，核心在于汇集跨行业的企业家群体智慧，解决企业经营管理中比较复杂而又现实的难题。

把自媒体运营技能变成了我的优势。

我发现，**如果你在某件事情上有很强的求知欲，那它可能就是你的一个优势，因为你会不自觉地为它投入更多的心血**。回顾两年的自媒体创业之路，我想分享两条最关键的建议给大家。

第一条，打磨内容

我在进行自媒体创业初期，想要获取流量是非常困难的，这也许要占到创业总体难度的60%。难在哪里？难在平台和用户对内容质量的要求很高。如果想制作一条爆款视频，那么从选题、脚本构思到拍摄、剪辑，每一个环节我都要用心。内容是最有竞争力的，只有打磨出优质内容，你才有可能被用户认可。

第二条，持续深耕

大部分人会很随意地制作视频，缺乏目标和主动性，或者总想着产出一条视频就能爆火，只要发布几条视频后没火，他就不做了。随意地做、轻易地放弃，你是不可能得到想要的结果的。

要知道，你看到的那些优质账号都是持续深耕出来的。相信我，找到你的求知欲，并且不断深耕，两年后，你也有可能成为专家。

从擅长出发，一步步探寻优势

有一天，我刷小红书时，偶然看到了一条分享考研备考经验的短视频。视频时长只有短短的两分钟左右，居然收获了几万的点赞量。我觉得这很不可思议。

第一章
定位自身，找到你的优势

那时的我，硕士研究生刚毕业，如何学好英语，正是我擅长的。于是，我开始在小红书分享我的学习经验，没想到收获了成千上万的好评。由此，我在小红书正式开启了我的自媒体之路。

虽然，现在我的小红书定位经过一次次的迭代后，已经发生了翻天覆地的变化，但是，我在起步阶段的定位还是来自我所擅长的事情。正是因为从擅长出发，我才有了迈进自媒体大门的机会。回顾我对小红书账号的定位迭代，我把自己的自媒体创业之路分为四个阶段。

第一个阶段，成为学习博主

我从自己擅长的事情出发，将账号定位为学习博主，通过分享自己的学习经验，快速积累账号粉丝量。这个从无到有、从 0 到 1 的过程，我称为起号阶段。

起号之后，如果你制作的内容还只是"为爱发电"、单方面输出的话，后期你的内容就会存在一个很大的问题——变现困难。因为口播类的视频很难植入广告。在这个阶段，即便有品牌方给我抛来橄榄枝，我也很难把广告植入我的视频里，这就导致我当时输出的视频每月只能变现 2000 元左右。于是，成功起号后，我开始了转型。

第二个阶段，成为生活类视频日志博主

这个阶段，我开始拍摄一些记录日常生活的视频，在拍摄不同场景的同时输出干货内容，为各类可植入的广告产品扩大空间。例如，拍摄化妆、吃饭的镜头，我会融入护肤品、早餐、咖啡、牛奶的广告；拍摄记录学习的视频，我会植入电子产品的广告。很快，我通过内容变现实现了月收入 5 万元，"双十一"活动期间，甚至可以达到月收入 7 万元。

对大部分博主来说，接广告是最主要的变现途径之一，也是迈向商业化的第一步。虽然拍视频日志看起来收入不错，但在接广告变现时，我意识到会出现几个常见问题。

1. 随时拍摄可能会影响你的日常生活

如果你每天都要拍视频日志，那你在早上出门之前，必然要调整各种镜头，来回挪动机位。久而久之，如果你本身不是一个特别爱记录生活的人，那么频繁的拍摄就会对你的日常生活产生比较大的影响。

2. 你能接的广告品类可能会越来越少

大部分广告商，在一个账号的投放周期是三到六个月，投放一次之后，短期内不会进行二次投放。毕竟你的粉丝已经看到或购买过你推广的产品，短期内不会再有购买需求。

3. 收入不稳定

当经济形势不乐观时，很多品牌方的预算也会随之缩水，原本一条报价过万元的广告可能会降到五六千元。作为博主，当你的收入不稳定，甚至持续下滑时，你肯定就会出现焦虑的情绪。

4. 粉丝量大幅下滑

如果你总在视频里植入广告，那么真正的干货内容就会相应减少。当你无法为粉丝提供足够的价值时，粉丝就不会继续在你身上花费时间和精力。长此以往，你的粉丝量可能会大幅下滑。

5. 很难获得复利

当你总为不同的产品打广告，今天推广这个产品，明天又为另一个产品做宣传时，你就只是一个给品牌打工的人。就像我，我始

第一章
定位自身，找到你的优势

终没有自己的产品、没有经验的积累，真正有价值的东西很难沉淀到自己身上，我的自媒体自然很难拥有复利效应。在意识到这些问题之后，我开始思考：如果我要做自己的产品，那什么东西是能够在我身上持续累积的？

第三个阶段，成为自媒体导师

既然我有成熟的自媒体账号运营经验，又可以靠自媒体实现月入5万元以上，那我为什么不能把这套经验整理成一套方法论呢？这样我不仅能帮助更多人起号，还能积累自己的教学影响力。于是，2021年年底，我正式开始做自媒体导师。

我服务的用户主要是那些零经验的纯新人。他们想做自媒体，但不知道如何着手。于是，我开发了自己的第一个知识付费产品——爆款小红书训练营，手把手带出了1000多位学员，进一步变现，月收入突破了10万元。

看到我转型成功，越来越多的人开始效仿我的做法。那个时期，我每刷一会儿视频，就会看到一个自媒体导师。这个行业突然进入了红海，有越来越多的人涌入。随之而来的问题也出现了，就是从业者的水平参差不齐，甚至有人原封不动地照搬我的课程，导致大家开始打价格战。我意识到自己不能陷入其中，也预判到知识付费领域一定会发生一轮变革，会由传统的为知识付费向为行为改变付费逐渐过渡。

为了打造我的行业护城河，我不能只有小案例，还要有超级案例。只有这样，我才能避免陷入毫无意义的价格战。当别人还在卖99元的录播课时，我已经升级了产品，正式开启了高客单模式。

第四个阶段，高客单深度项目孵化

经历了两年多的漫长探索，我走到了自媒体创业的第四个阶段，开始深度服务模式。这个时期，我的主要发展方向是跟已经取得成果的人进行深度合作、资源共享，孵化一些有能力的账号，重点陪跑几个关键的项目。

比如，有的人线上流量做得好，但没有成熟的产品承接，我们就帮他们做运营、变现、打造产品；有的人线下传统行业做得很扎实，实体店开得很成功，或者在自己的行业深耕了很多年，但他们不会做线上转型，不知道打造爆款内容的逻辑，我们就帮他们做流量。

2023年4月，我以主理人的身份，联合拥有3000万个私域粉丝的肖厂长，一起发起了红人馆私董会。目前，已经聚集了300位在各自领域有一技之长的达人，一起打造小红书领域的高势能圈层，实现资源共享、合作双赢。

2023年5月，我们在红人馆内部签约了红人馆私董胡采优，孵化陪跑了第一个合作项目——深度减脂俱乐部。我作为项目策划人、幕后操盘手、流量运营官，帮助这个项目在发售的首月，就实现了近40万元的项目成交额。这次发售的成功，标志着璐璐团队开始向商业孵化的方向正式迈进。

在这四个阶段中，我从做学习博主实现月营收2000元，到视频博主月营收5万元，再到自媒体导师月营收10万元，最后一步步进化到做高客单项目深度孵化。目前，我们团队已经实现年营收达七位数。这一切，都源于我发现了自己的优势，而且在不断地发挥自己的优势。

第一章
定位自身，找到你的优势

联结优秀的人，让你的优势更明显

在逐步拓展商业版图的过程中，我联结到越来越多优秀的人。他们给我的反馈，让我更加清晰地看到了自己的优势。比如，当身边的人都说我表达能力强、共情能力强、商业思维强的时候，我会从大家的评价中更快地发现自己的特长，捕捉自己的优势。

大多数人不知道自己的优势是什么，只有在听到外界反馈并经过深度思考之后，才能看到更真实的自己。我之所以喜欢付费学习，加入不同的圈子，去联结比自己优秀的人，就是因为他们见过很多人，经历过很多事，能站在更高的维度上思考，所以他们对我的优势评价会相对比较准确。

当然，想要正确认识自己，除了听优势评价，你还需要听一些劣势评价。聪明的人都知道，多说好话、少说坏话，不容易给自己带来麻烦。贵人一般不会轻易给你提意见，只有对比较重视的人，比如合伙人、重点学员和员工，他们才会主动提出改进意见。

所以，当贵人愿意主动给我们提意见的时候，我们一定要珍惜和感恩。我们除了需要知道自己的优势是什么，还要知道有哪些是自己不擅长的、哪些是自己要避坑的。扬长避短可以帮助你少走不少弯路。

不认识自己，是人一生中最遗憾的一件事。不清楚自己的优势，则是人一生中最可怕的一件事。一个人没有活在自己的优势上，往往是很难取得成功的。

逃离原生家庭，发掘你的人生优势

心理学家阿尔弗雷德·阿德勒说过："幸福的童年可以治愈一生，不幸的童年需要用一生去治愈。"追根溯源，大部分人一辈子活在原生家庭给自己的框架里，很少有人能摆脱原生家庭对自己的影响。比如，我父母总对我说："女孩子要中规中矩，稳定一点，不要去创业，整天瞎折腾。"他们总觉得，女孩子就应该本本分分上个好大学，读个研究生，再找份稳定的工作，老了拿固定的养老金，这就是幸福的人生。

当我收到哥伦比亚大学的面试通知时，他们不支持我出国攻读博士学位，我不得不放弃留学深造的机会。我还想过读工商管理硕士，但父母觉得就业较难，与其让我花钱去读其他专业，不如稳稳当当先找个好工作。他们会设想很多不好的后果，不想让我跳脱他们给我安排的人生轨迹。

第一章
定位自身，找到你的优势

很多时候，我想往前跑，他们都会把我往回拉。如果我做一些"不听话"的事情，他们就会很担心，万一失败了怎么办？他们不想让我遭受挫折、不想让我受伤害、不想让我去闯荡。

我相信，父母无疑是爱我的，但他们未必能真正看到我的优势。有一段时间，我甚至觉得，是原生家庭对我的过度保护让我畏手畏脚，导致我有很多潜能没有发挥出来。这种来自原生家庭的束缚，我在带学员的过程中，看到过不下一百次。

有一个女孩，英语专业八级，还有名校背景加持，做过传统线下教育，现在想做线上英语自媒体，我听完她的想法以后非常支持，花了一晚上的时间给她规划自媒体账号方向。在我身边，凭借教英语年入百万元的人实在太多了，我很明确地告诉她，只要朝着这个方向坚持下去，她一定可以收获不错的结果。

没想到，就在第二天，这个女孩放弃了做自媒体的想法，她表示："我妈妈知道我付费学习以后很生气，她也不支持我做自媒体，觉得这是浪费时间。不好意思，我还是不做了，我觉得自己不够好，也不够专业。"

听完以后，我叹了一口气，随后感到一丝悲凉。这个女孩不就是过去的我吗？只不过她选择了放弃，我选择了坚持自己。她在原生家庭的影响下，放弃了一个绝好的打造个人品牌的机会，决定在四线城市，继续过着平凡的生活。

更让我感到遗憾的是，她的原生家庭告诉她："你付费学习是浪费钱，哪怕你英语专业八级，还不是要安稳地上班、嫁人，别总瞎折腾。"我不知道这个感觉应该怎么描述，明明这么优秀的一个女孩子，明明她还有大把的机会，却因为原生家庭灌输的思维方式，注定过上一眼望到头的生活。我举这个例子，并不是让大家站在原生家庭的对立面，而是想让大家能更清醒地判断，父母的意见，我们究竟应该听多少。

有选择地听父母的话

我听过很多偏激的言论，有人说"千万不要听父母的话"，有人说"以父母的知识水平，他们给不了你任何意见"。在我看来，我们要从不同的维度参考父母的意见，并为每个维度打分。比如，从生活能力维度打分，如果你的原生家庭很幸福，你的父母把日子过得很好，你能打90分，而你自己现在的生活能力只能打60分，那么，你就要在生活能力维度参考他们的意见，学着怎么把家庭打理得更好、怎么把家人关系维护得更好、怎么让生活更有幸福感。但是，如果从赚钱能力维度打分，你的父母缺乏赚钱的能力，你只能给他们打20分，那你就不要事事都听他们的，你可以考虑朝着父母意见的反方向走，这样你才有可能走出一条向上的道路。

当我们的父母月薪平平的时候，他们是无法帮你做出一个能实现高收入的决定的。他们的想法也许是真的为你好，但他们的认知就是保守的维度，给你的决策意见也自然是不要去冒险、不要跟别人合伙，因为他们认为合伙人可能会骗你、会分走你的钱。但你知道，单枪匹马是不可能把事业做大的,你需要与合伙人合作才行。这也意味着你们需要分成,分得越多、你赚得越多。

你要学会有选择地听父母的话,学会主动判断自己的人生。只有这样,你才能真正地与原生家庭和解。

摒弃传统教育观念,看到女性天然优势

这个社会对于女性的传统教育,最突出的有两点:第一,不要太强势,要温顺一点、不争不抢;第二,事业做得好,不如嫁得好。

事实真是这样吗?真正开始创业以后,我才知道,不是你乖巧地听从命运安排,资源就能送上门的,真正把事业做得风生水起的女性,都是懂得"争夺资源"的。世界上的资源就那么多,你不努力去争取,就只有拱手让人的份儿。

此外,你有没有发现,现在女性的赚钱能力在飞速提升?就拿我身边的圈子举例,很多女性的赚钱能力甚至远远高于男性。

我总觉得,**新时代的女性是需要"雌雄同体"的。与其把宝押在不确定性极强的两性关系上,不如把宝押在自己身上。只有事业是可以跟着你一辈子的。**况且,女性在一些行业中,有天然的独特优势。比如,小红书的博主中,80%以上都是女性;女性通常能更敏感地感受到他人情绪的变化,共情能力、情绪感染能力更强。可以说,在打

造个人品牌这件事情上,女性是有天然优势的。你的情绪感知能力,就是你的天然优势。

用小成果扭转偏见

在传统观念的影响下,大多数父母不会轻易让自己的孩子作大的改变。我做自媒体创业,也经历过父母从不理解到全力支持的过程。我从中得到的经验是,想让父母彻底改变思想,你需要先取得一个小成果,然后用小成果扭转偏见。

我一开始做自媒体创业时,并没告诉父母我在做什么。有一次,我突然发现父母出现在我的粉丝列表里,我的第一反应是,担心他们嫌我不务正业。于是,我悄悄地把他们拉黑了。

还有一次,我花两万元报了一个自媒体课程,向专业老师学习。当时,两万元对我来说是一笔不小的数目。如果我告诉父母我要花两万元学一门课程,他们肯定不会理解我,可能还会说"你没必要花那个钱,自己随便看一看就行了"。毕竟在父母的眼里,一个人花两万元去学习,怕是脑子不正常。但是我知道,如果不学习,不快速汲取别人的宝贵经验,我是不可能在竞争如此激烈的自媒体市场上,快速取得我想要的成果的。

于是,我没有告诉任何人我的计划,只是闷头苦干,坚持自己的判断。果然,半年后,我已成为自媒体博主,通过接广告以及做知识付费稳定实现月入 10 万元。

这个时候，我才向父母原原本本地坦白。看到我一次又一次地做出成绩后，他们逐渐转变了思想，全力支持我进行自媒体创业，甚至还天天看我的直播间，听我给学员上课。

我用自己的行动，彻底改变了父母"创业就是瞎折腾"的保守想法。现在的我，已经成了他们的骄傲。

摆脱原生家庭的束缚，发挥你的独特优势

如何用更加科学的方法，摆脱原生家庭的束缚，从而发挥出自己的优势呢？我给大家分享三个步骤。

第一步，物理隔离

如果你从小到大，学习、工作都在老家，一日三餐天天和你的父母在一起，那么你基本上一辈子都不可能摆脱父母。如果你真的想摆脱原生家庭的束缚，我建议你先与父母物理隔离。比如，考上一所好大学或是去大城市工作。换个环境，就是给自己换个新的土壤。土壤变了，结出来的果实自然会改变。

第二步，心理隔离

想要切断原生家庭的影响，需要你有强大的自我认知和稳定的精神内核。如果你知道自己想要什么样的人生，那你的父母就很难真正地干预你。

那么，应该如何提升自我认知呢？我的方法是通过付费学习，向上社交。当你联结到更高维、更上进的圈子，你的自我认知自然会发

生改变。慢慢地，你就会变成一个内核稳定的人，这个时候，我们就能做到和父母心理隔离。

第三步，对父母进行反向教育

完成隔离后，你可以反向教育你的父母，让他们站到你的阵营里，成为和你一样的人。我们是在时代飞速发展、信息爆炸的环境中成长的一代，我们成长的速度比我们父母老去的速度要快得多。很多人的父母生活在三、四线城市，他们的信息特别闭塞。从这个角度来说，有些父母是需要被反向教育的。

我刚开始做小红书账号时，父母对小红书一无所知。他们问了一圈身边的人，都没人用这个软件。所以，当我说我在通过小红书创业时，他们的第一反应是："不可能，太夸张了！你怎么可能从一个我从没听说过的软件上挣到钱呢？"于是，我时不时地给我父母"上课"。例如，收到某个平台或者作者寄来的书，我会喊上我母亲一起看书。我还会经常给我母亲推送一些知识付费老师的直播间、短视频，如刘sir、肖厂长的直播间，她每次都听得津津有味。我每天看了什么书、听了谁的课、线下见了谁、又有什么新的认知，我会及时把我的思想传递给她，哪怕她只能听懂50%，也代表她每天都在进步。

过去，我的任何事我母亲都要管，现在她会说"你的人生，你自己决定，我们少插手"。她甚至会告诉我："人生要闯，生命在于体验、在于折腾！"

这就是我对父母长期反向教育后的真实改变。很多人总是下意识地想要逃离父母，认为父母不懂自己的圈子。其实，我们也可以帮助父母成长，带他们拓宽视野，接触更高级的圈子。

说到底，**原生家庭是一把双刃剑。它给我们带来禁锢，也带给我们面对生活的勇气。**我们性格里的底色，很多都源于原生家庭。我们需要学会让原生家庭成为心里的一块基石，帮我们发挥优势，给我们带来助力。

如果你一直无法摆脱原生家庭的阴影，那么父母可能永远都是你的梦魇。你不知道努力是为了什么，哪怕你赚到了钱，也始终不幸福。只有当你真正和原生家庭和解时，你才会发现原来有家人的支持，是一件无比幸运的事。你做的一切事情都会更值得，你内心的力量也会更强大。

永远不要小看你和父母的关系，这可能是你和这个世界关系的缩影。 30 岁之前，你的父母有责任教育你，但是 30 岁之后，你有责任教育你的父母。

看到这里，你可以给父母发个短信，真诚地问候他们。然后用心体会一下，此刻你的奋斗原动力是不是增加了呢？

让小优势变成一种天赋

很多人觉得天赋应该是天生具备的一种特质,似乎必须像谷爱凌那样年纪轻轻就成为世界冠军,才叫拥有天赋。实际上,只要你善于挖掘自己的小优势,并坚持刻意练习,小优势就会变成一种天赋。比如,一个人的表达能力有20分,而他身边的人有10分。他的表达能力在仅比别人高出10分的情况下,只能叫作他的小优势。但是,假如他愿意在表达能力上持续深耕,不停地提升自己,慢慢变成80分、90分,跟其他人形成明显的差距,这个时候,小优势就慢慢变成了大优势,从而变成了别人眼里的天赋。

如果你也有某个小优势,请不要放过它。你一定要刻意练习,让小优势变成自己真正的天赋。

/ 第一章 /
定位自身，找到你的优势

优势让人生进入快车道

一个人能获得事业上的成功，几乎都伴随着找到优势的瞬间。我刚读硕士研究生的时候，在北京一家研究所实习，一个月工资1200元。对着电脑搞科研并不是我的优势，因此，我常常陷入自我怀疑，痛苦万分。我常想，难道我的人生就这样了？后来，我开始尝试做小红书，逐渐找到了自己热爱的事情。我发现自己真正擅长的事情，根本不是跟冷冰冰的机器打交道，而是跟活生生的人建立联系，热爱表达才是我的天赋。

自从我找到了自己的优势，做了自己热爱的事情，我的月收入从5000元以上直线提升到了30万元以上，翻了整整几十倍。就此，我的人生进入了快车道。可见，发掘自己的优势，对每个人都有至关重要的意义。

找寻自己的优势时，大家要抽丝剥茧，要做自己擅长的事情，而不是非得刻意培养一种自己原本不擅长的特质。比如，性格内敛的技术人才，他们的优势是理性、冷静，那么他们就没有必要执着于培养共情能力和情绪感染能力，也不需要滔滔不绝地表达。他们更适合做幕后操盘手、科研人员等。做一些能发挥自身优势的事情，才能放大他们的价值。

总而言之，一旦找到你的优势，你的人生就会不同寻常，开始疯狂地走上坡路，很快找到你的财富密码，个人收入也会一路飙涨。最重要的是，你会活得很开心，意识到自己原来如此有价值。

三个方法，找到你的优势

对大多数人来说，想找到优势并非难事。**热爱是你内心的驱动力，决定了你能在自己的优势上走多远**。在我找寻优势的成长过程中，有三个方法让我受益匪浅。

心流法

当你做事情的时候，完全沉浸其中，出神且完全忘记了时间的流逝，这时，你也许就进入了一种心流状态。有一次，我为了给学员备课，在窗边一坐就是一下午，一遍又一遍地修改课件幻灯片。直到做出满意的课件后，我抬头向楼下望去，才发现街道上的灯都亮了，这就是一个人进入了心流状态。我对传播知识太感兴趣了，看到别人因我而改变，让我觉得我做的事情非常有价值。因此，当我全身心投入的时候，我竟然忘记了时间的流逝。

不妨仔细回想一下，曾经，哪个时刻让你觉得乐在其中，甚至都感受不到时间的流逝？你上一次是因为什么事产生过心流体验？做饭的时候、读书的时候、跳舞的时候，还是研究某件你感兴趣的事物的时候？

一生中，你总会有那么几个瞬间是进入心流状态的。你需要第一时间把这几个瞬间捕捉下来，因为，这是你的潜意识在告诉你，你擅长做这件事情。

第一章
定位自身，找到你的优势

偶像法

你羡慕谁？渴望成为谁？当你极度渴望成为某个人时，证明你对他的生活及工作状态，有一种底层的欲望。一个人，只有拥有足够强烈的欲望，才有可能不断提升自己。要知道，有时候，欲望也是一种天赋优势的信号。

我在学生时代，曾经特别羡慕我的高数老师。她身材苗条、穿着利落精致、行事雷厉风行，既有自己的生活，又有自己的事业，还有丰富的学识。

有一次，她向我们讲述她在剑桥大学留学的经历。一个惬意的午后，她坐在康河旁边，和几个朋友一起讨论人生。少年意气风发，夕阳沿着河边的垂柳缓缓落下。她描述的那幅画面，深深地印在了我的脑海中。我当时就觉得，这就是我想要的"大女主"生活。我想成为像她那样的独立女性，自由、绚烂、充满朝气。这也为我后来创业，埋下了一颗小小的种子。

工作后，我特别欣赏商业界的一位前辈，她也是新时代的女性偶像。她一个人操持着一家公司，看着她运筹帷幄的样子，我的崇拜感油然而生。经商是我的底层欲望，为了它我可以终身学习。我告诉自己，要向那位前辈不断靠近。

如果你有一个特别羡慕的人，就说明你们同频相吸，你对这个人所持的世界观深度认同。那么，你一定会为了达到与他类似的成就，不断激发自己的潜能优势。

成就法

什么事情让你引以为豪,有过吃糖的感觉,甚至走到哪里都忍不住说一嘴?这就是你的成就感瞬间。这种吃糖的感觉会帮你一次又一次地取得成果,从而形成自己的优势。

学生时代,我就对营销比较感兴趣。高考后的那个暑假,特别流行摆地摊卖饰品。为了融入这波地摊潮,我调查了一条街上所有小商贩的爆款饰品,发现蝴蝶结是当时女孩子们的追捧对象。于是,我回家用几元的成本做出了几十个爆款手工蝴蝶结。在我第一次出摊的那晚,蝴蝶结很快就销售一空。我算了一下,当时才高中毕业的我,竟然通过摆地摊,一天赚了100多元。那是我第一次体会到商业的乐趣。这次摆地摊的经历给我带来了很大的成就感,这种吃糖的感觉也一直引领着我,一次又一次地在商业世界取得成果。

仔细回想一下,我在摆地摊前搜集爆款的方式,其实与现在做内容搜集爆款、做电商搜集爆品的逻辑有异曲同工之妙。就是因为当时我觉察到了内心的成就感,我才没在多年后错过自媒体的这波创业风潮。

学会深度思考,非天生学霸也能逆袭

上中学时,我的成绩一直处于中游,但是高考却以全校第一名的成绩考入大学。读大学时,当别人还在为了考研而熬夜学习时,我已经被保送到了北京交通大学。攻读硕士学位时,我跟同专业的同学相

第一章
定位自身,找到你的优势

比并没有多少天赋,但是却拿到了国家奖学金,还收到了世界500强公司的录用通知书。

我并不是天生的学霸,只不过掌握了一些技巧,才一次又一次地取得不错的成果。这个技巧就是:学会深度思考、抓大放小。

大部分人宁愿每天工作12小时,都不愿意停下来思考一秒钟,想想自己想要的究竟是什么,究竟哪些环节能带来本质的改变。我做任何事情都是,先深度思考,想好战略再行动。比如,我想拿到第一名,我采取的策略是让我的优势学科达到满分,剩下几门达到平均值。

有了方向,你就可以更好地突破困难,取得理想的成绩。尤其是创业以后,深度思考的能力,更是决定你成败的关键所在。比如,创业的人每天要做无数件事,究竟哪些事是最核心的?答案是,那些做了就能直接对结果产生明显改变的事,也就是我们常说的二八法则中的20%。培养抓重点的能力,其实就是让人深度思考:哪些关键环节是影响成败的20%?

比如,对现阶段的我来说,流量很重要,我就要花时间沉下心来深度思考,不断测试不同的短视频拍摄方式,找一些优秀案例,不断拆解。当我抓到了重点,找到了关键的20%时,我进步的速度就是指数级的。

学会深度思考、抓大放小,让我一个非天生学霸,也能发挥优势,实现人生逆袭。永远不要用战术上的勤奋,掩盖战略上的懒惰。把握20%的核心关键,你的成功速度将会呈指数级增长。

分享欲是每个人与生俱来的优势

分享欲是我坚持做自媒体和打造个人品牌的原动力，也是我能比别人做得更长久，取得更多成果的原因。刚开始做小红书账号时，我并没有想过自己能实现变现，我只是喜欢拍视频记录生活。后来，我开始拍视频日志、打造知识品牌、做直播，这些行为的背后，都是因为我有很强的分享欲。我甚至觉得，分享欲是我与生俱来的优势。当其他人没有看到结果就放弃的时候，是我的分享欲让我坚持了下来。

这是个体崛起的时代，人人都是发声者。拥有分享欲，你就能源源不断地产生影响力。如果你也想发挥自己的分享欲优势，我有一点小建议：多关注正反馈，少听取负反馈。有了正反馈，你才有持续分享的动力。

举个小例子，当你兴致勃勃地跟朋友分享一件好玩儿的事情时，如果他提不起任何兴趣，你大概率就不愿意继续分享了。可是，如果他给你的反馈是："天呐，你说的事儿真有意思！"你的分享欲是不是瞬间就被激发出来了？所以，如果你是一个天生爱分享的人，一定要多靠近那些给你正反馈的人。一个个的正反馈会不断激发你的分享欲，让分享欲变成你独一无二的优势。

第一章
定位自身，找到你的优势

不擅长社交的人，如何让交往力成为你的优势

我不是社交型选手，但我身边从来不缺朋友，也从来不缺贵人。可以说，我人生前半程之所以顺风顺水，都得益于我的交往力。

为什么我一个非社交型选手，却能把交往力变成自己的优势呢？因为我很早就意识到，创业之路漫漫，我不可能像一座孤岛一样永远活在自己的世界里，不可能永远一个人单打独斗。交往力是非常重要的一种底层能力，如果你的交往力不足，那么你很难走向更高的平台，获取更大的财富。年入 100 万元，你可以靠个人努力，但想要年入 1000 万元，你一定要懂得借力使力。

小时候，每次有一群小伙伴在一起玩耍时，我总希望自己是大家关注的焦点，恨不得所有人都围着我转。但创业之后，我逐渐发现，在一个聚会中，喜欢主动为别人提供帮助的人，往往会比那些只会表现自己的人获得更多的好评。于是，每次在重要的社交场合中，我都会把关注点放在别人身上，主动挖掘别人的需求，并且尽我所能为别人提供帮助。因此，哪怕我不爱社交、很少社交，但每次参加完活动，我总会获得一些新的机遇。

人脉就像一个蓄水池。平时你就要养成储水的习惯，千万不能等口渴的时候，才想起来到处找水喝。如果你也想让交往力成为你的优势，你就要学会主动为他人提供帮助。在社交场合，比起"我想要得到什么"，你更应该多去研究一下"别人需要得到什么"。为他人提供

帮助的时候,也不要担心自己会吃亏,因为凡是付出,必有收获。执行一段时间后,你会惊奇地发现,你的人生出现了很多贵人。

　　交往力背后,蕴藏着很大的价值。很多人看起来技能水平相差无几,但人生的结局却完全不同。这是为什么?很多精英人士宁愿与普通水平的A合作,却不愿意与技能更强的B合作,这又是为什么?这其实就是交往力在背后默默发挥作用。因为A一直在默默付出,不断用交往力为自己积累信任砝码,哪怕A的技能没有B强,但在贵人的心里,信任的天平早已经偏向了A。有些人之所以生活得不好,是因为没有具备基本的交往力,做事只考虑自己、不考虑对方。

　　如果你想把交往力变成你的优势,就要放弃精致利己思维,拥抱极致利他思维。毕竟,利他,才是最好的利己。

快速积累你的后天优势

我一直觉得,后天努力往往比天赋更重要。比如,打造个人品牌时,你能不能保持持续输出?能不能保证一周更新 3 条视频?每周直播 3 场?每天发 6 条朋友圈?

根据我的观察,大部分人连努力的基准线都没达到,却在一件事情没有取得预期的结果时,张口抱怨"我没有天赋"。其实,他们这是在给自己找借口。明明是自己没有努力到位,却把原因甩给了老天。

在我看来,大部分人其实是轮不上谈天赋的。后天努力是可以持续积累的,你只要肯努力,就有机会超越世界上大多数的人。

持续积累优势的三种内在力量

能持续积累优势的人，身上一定具备三种内在力量，帮助他们在短期、中期、长期都能持续取得成果。

第一种，短期执行力

对大部分人来说，短期进步的关键因素是执行力强。执行力是人持续进步的第一关，最基础的要求就是：你要把非常小的一件事情落实下去。比如，我今天看到了一个新的短视频玩法，我学完就一定会先用起来，哪怕这件事我当天只起了个头。可是，大部分人连短期执行都做不到，总说"我明天再做吧"。执行力这关都过不了，更不要谈中期和长期的进步了。

短期执行，一定要避免完美主义，想到就去做。例如，那些快速崛起的顶流个人品牌，他们的第一稿视频脚本可能烂成一锅粥，根本拿不出手。我的脚本第一稿也经常特别差，可能都达不到及格线，但我不会在这上面纠结太久。想到什么新点子，我就会立马执行去验证结果，然后根据结果反馈再反复迭代。千万不要做一个完美主义者，因为，永远没有一个万事俱备的完美时机，当下就是那个最好的时刻。

第二种，中期目标力

中期想要持续进步，就要有很强的目标感。没有目标感的人，会分不清楚任务的优先级，一旦事情发生冲突，他就会手忙脚乱，做事不聚焦，最终也很难取得好的成果。

中期执行要学会拆解你的目标。例如，你的目标是要涨粉变现，那么，你就要考虑，这个月你需要发布多少个作品，需要找到多少个对标账号，要让你的目标具体化、好操作、可实现。

第三种，远期内驱力

从长远来看，一个人持续自我迭代，获得长远进步的过程，是离不开内驱力的。你要经常停下来想一想，自己到底为什么要做这件事，这件事情做成了，到底对你的人生意味着什么？比如，每当我写书写得很烦躁的时候，我就会沉下心来问自己，我出书到底为了什么？能不能撂挑子干脆不做了？

内心的答案告诉我：我要让更多的人看到我，我要影响更多人，我要帮助每个人都活在自己的优势上。当这样的内驱力出现时，眼前暂时的困难就不再是不可逾越的障碍了，反而会让你有一种越挫越勇的动力。

长远坚持一件事，需要内驱力。你要深度思考，你究竟想成为一个什么样的人。你是想成为一个只会赚钱的人，还是想成为一个能深度影响别人的人。当你有了短期执行力、中期目标力、远期内驱力这三股内在力量时，你就会像一辆加满油的汽车，把身边的人远远甩在身后。这样，你就形成了自己坚不可摧的优势壁垒。

复利思维与刻意练习，助你建造优势城堡

优势的积累，除了三种内在力量的加持，还要有具体的做法。在

这个过程中，"挖井"和"垒积木"显得格外重要。

所谓"挖井"，就是要有复利思维，要打好根基并持续深耕、持续努力，打造自己的复利曲线。很多人之所以创业一直不成功，就是因为总在朝三暮四，今天这里挖两铲子，明天换一个地方再挖两铲子，根本就不可能打出一口井来。复利曲线就像挖一口一米宽、一万米深的井，有些人拼命努力多年，都一直平平无奇，但突然有一天，他就有了极大的收获，这其实是他的"挖井"工作起到作用了。

当你把一件事想透做实时，你在自己的领域里就是专家。专家自然就有议价权，这就是你的核心优势。

至于"垒积木"，就是在你找到优势之后，要去刻意提升你的优势，不断把优势变得越来越强。比如，在我发现自己擅长商业运作后，我就开始到处付费学习。只要是跟这个技能有关的知识，我就疯狂学习，不断"寻找积木"，直到我用积木把商业这堵优势墙垒高，让别人不再有机会超越。

在创业的过程中，我们要学会不断"挖井"和"垒积木"。时间一久，你就会发现，你拥有了一座自己的城堡，这个城堡可以帮你抵抗风暴、穿越障碍、越活越好。

做事之前先扬言，让优势快速积累

大部分人认为，在一件事情做成之前，千万不能让别人知道。只有在取得成功后，你才能去惊艳所有人。其实，先把狠话放出去，把目标昭告天下，你也许更能获得结果。为什么做事之前一定要先扬言？其中包含了人的三种心理倾向。

1. 人都怕食言

我在出书之前，就先发了朋友圈告诉所有人我要出书的决定。那么多人看到了我要出书的"宣言"，即使中途我有一万个放弃的理由，我也必须把这件事情认认真真地提上日程，不能食言。

其实，人都很懒，要不是为了做到言而有信，我也不会每天熬夜写书稿。我对外公开说我要去做某件事，就是为了和人性做对抗。当我写完这本书时，我也一并积累了自己的竞争力优势。当你把璐璐和其他自媒体人做对比时，你一定会觉得，璐璐这个人对自己可真狠，忙成这样，还能写书，够靠谱，跟她学习肯定没错！因为担心食言，我快速完成了我的写书目标，积累了自己的竞争力优势。

2. 承诺一致性

《影响力》是一本对我产生很大影响的书，书中提到了承诺一致性原理。当一个人做出承诺时，他的内心是倾向于完成这件事的。例如，今年我想提升我的影响力优势，所以，我对粉丝承诺了我要开50场直播，并且我和每一场连麦嘉宾都约好了连麦时间。当我对别人做出承诺时，我就不能轻易食言。哪怕我再忙，也会遵守对别人的承诺。

每个人都希望自己能够言行一致，都不愿意违背自己的承诺。这一点，我受益很大。每次遇到我必须要做，但是又总想偷懒的事情，我都会先对别人做出承诺，承诺一旦说出口了，我就不得不做。通过这种方式，我逼着自己完成了很多看似不可能完成的任务。

3. 行动惯性

如果做事前先扬言，那么你总归是要先做一阵子。一旦开始做了，你的行动就开始产生惯性。有了起步，你就更容易完成目标。比如，你学习的时候，不要想着今天上午一定要学满 2 小时，可以先告诉自己，"我先学 5 分钟"。等到了 5 分钟，你也不会停下来，因为你还有学习的惯性在。

先说到再做到，是一种让我们坚持下去、助力我们积累优势的好方法。 如果你总是不敢开始，或者有拖延症，那么你不妨先对外扬言。只有开始做了、坚持做了，你才有机会在行动中积累自己的优势。

五种思维方式，助力彰显你的优势

世界上只有一种穷，叫作认知贫穷。花半秒钟就看透事物本质的人，和花一辈子都看不清楚事物本质的人，注定有截然不同的命运。

大部分人看到别人获得了成功，都只会盯着对方成功的结果看。而真正厉害的人，则会盯着对方成功的原因看。正所谓菩萨畏因、众生畏果，站的维度越高，你的优势就越明显。想要快速看透事物本质，你需要掌握五种思维方式。

复盘思维

当你完成一件事情之后，一定要回过头来重新回顾盘点，这件事情你做对了什么？又做错了什么？比如，我们一场直播结束之后，会进行复盘：新用户涌入直播间后，我们有没有及时地承接流量？销售人员在用户下单前的销售话术够不够到位？运营人员有没有及时在评论区互动？复盘的过程中，发现了问题，我们想方法解决，避免下次犯同样的错误。发现自己做得好的地方，我们就把经验总结成 SOP[①]，下次发售可以直接套用。

持续迭代，养成复盘思维，就算不能成为专家，你也能成为半个行家。坚持这样做后，相对普通人来说，你已经有了一定的优势。

成长型思维

美国斯坦福大学心理学教授卡罗尔·德韦克认为，思维有固定型思维和成长型思维之分。固定型思维的人认为，人的能力特性是与生俱来的，很难改变。面对失败，他们往往会自我否定、怨天尤人。成长型思维的人则认为，任何技能都可以通过后天努力获得，现在不会，不代表以后学不会。

固定型思维的人，一旦遇到挫折就从外界找原因——"我原生家庭不行""这样的制度不合理""我天生性格就这样"……他们往往拒绝接受改变。

成长型思维的人，一旦遇到问题会从自己身上找原因——"家庭环境不好不要紧，我可以靠自己努力奋斗""学历不高不要紧，我可以读书、报课，不断学习"……他们会不断优化自己，在迭代中取得

[①] SOP：是 standard、operating、procedure 三个单词首字母的大写，即标准作业程序，是指将某一事件的标准操作步骤和要求以统一的格式描述出来，用于指导和规范日常的工作。

一个又一个的成果。

如果你想通过创业取得成果，那你一定要摒弃固定型思维，慢慢习得成长型思维。

利他思维

帮助别人和成就自己，其实本身就是一个问题的两个方面。利他思维是一切商业合作的起点。当你站在这个维度上去思考问题，你会发现，商业的本质就是利他。如果做一件事情只对自己有利，这件事情是不可能持续下去的。合作一定是互惠互利，双方才能实现共赢。

你在别人身上掠夺得越多，最后你失去的也会越多。相反，你对别人贡献得越多，最后你反而会收获得越多。这点无论对学员，还是员工，或者是合伙人，都同样适用。

商业的本质就是价值交换。掌握利他思维，你在创业之路上能少走很多弯路。

谦卑思维

因为工作的关系，我见过几十位教授、几百位创始人，我发现越是能力强的人，待人接物越是谦逊友善，让人有一种如沐春风的感觉。他们不会觉得你比他的级别低，就对你抱有分别心，反而会对年轻人格外赏识。真正有智慧的人，都是胸中有丘壑、眼里存山河的，温柔且坚定是他们身上的典型特质。

在创业圈,我看到太多人毁在"飘"上。千万不要轻易去激发人性的恶,不要过度炫耀。当你点燃了别人的妒忌之火,总有一天,你会被反噬。为人处世如同水上行舟,谦卑思维则能在极大程度上降低你翻船的概率。

富人思维

除了上述四种思维,优秀的人基本都有富人思维。我理解的富人思维,是富人更擅长资源整合。

有个玩笑话是这么说的,"看一个学生学什么专业,就能知道他家里是什么水平"。大多数中产家庭的人会让孩子学技能型专业,他们认为拥有一项过硬的技能才能更好地找到高薪的工作,他们对孩子的培养方向是"成为千里马"。而真正的富人会让自己的孩子学艺术、哲学,他们认为一个人的认知水平远比技能水平重要,他们对孩子的培养方向是"成为伯乐"。

成为千里马,你需要不停地奔跑,而成为伯乐,你只需要发现千里马。富人思维就是,找人、找资源,再整合资源,集体出售,最后拿到钱。从这个角度来看,懂得整合资源,也是一种优势。

当然,富人思维不是短时间内就能形成的,跨越阶层需要一定的时间。你跟一个吃不饱饭的人谈长期主义,让他有富人思维,那简直是天方夜谭。在没有资源可以整合的情况下,我们更多的是要学会一

/ 第一章 /
定位自身，找到你的优势

种技能，先靠硬技能获得第一笔收入。

如果目前你只能按部就班地上班，那你就当一个极优秀的职场人。当你有一天成了一个小老板，就努力做成大老板。你要结合目前所处的阶段，一点点实现阶层的跨越。如果你在人生的每一个阶段都能把事情做到极致，以最快的速度跨到下一个阶段，总有一天，你会到达人生的巅峰。

掌握以上五种思维模型，你就相当于拿到了人生的"作弊器"，能更快速地完成人生答卷。想要内化这些思维模型，我还有一个小建议给你：你可以通过付费加入高认知圈层，多去主动联结更优秀的人，也许某个行业精英随口给你提的几个建议，就能决定你未来事业的走向。要知道，每个人都有认知屏障，高阶思维有时候甚至可以为你提供一些反认知、反常识的思维模式。如果你不理解为什么比你厉害的人会做那样的决定，可能只是因为你的思维模型太少了，你还没有构建出评判事物的完整认知体系。我做红人馆私董会的目的就是打破信息屏障和认知屏障，让普通人也有联结到高维圈层的途径。我在创业路上的很多次关键转型，都是得益于在高认知圈层里结识了贵人。他们的提点让我少走了不少的弯路。如果你有机会碰到一些不错的圈子，你一定要竭尽所能地加入，毕竟，认知价值千万。

巧合汇在一处，你就有了优势

世界上其实没有巧合，所有的巧合都是你行为路径的总和。你只是还没有摸清它背后的规律，所以才把这些都归结成巧合。巧合的出现是在指引你往那条正确的道路走。

有一次，我偶然在小红书刷到了一条创业类的视频，看完以后被内容打动，于是立刻决定开始自媒体创业。看起来，这似乎是个巧合。但实际上，我当时的月薪只有 5000 元，而在海淀区租房的房租一个月就要将近 4000 元。我被生活逼到了窘境，一直在迫切地寻找机会，每次上网都会收集一些关于做副业和创业的资料。因此，在大数据的推送下，我才有机会刷到了那条改变我命运的创业视频。

我的第一篇爆款笔记，看上去也像是巧合；做知识付费很快取得成果，更像是巧合。在没有认真总结规律之前，我一度认为自己运气不错，遇到这么多巧合的事情，帮助我找到创业的方向。但实际上，

第一章
定位自身，找到你的优势

这些根本不是巧合，而是一种必然。我喜欢演讲表达，所以发短视频更容易出爆款；我是科研出身，擅长逻辑梳理，所以我制作的课程销量很好。

无巧不成书，该做的事情总会牵引着你前行。哪怕绕了无数的弯路，最后，你也会去到自己想去的站点。没有这个巧合，也会有下一个巧合。因为你内心已经埋下渴望的种子，等到哪一天有人碰到它，它就会发芽。

当巧合发生时，你一定要察觉，这真的是巧合吗？巧合的出现，也许是在帮你指明你的优势。

一个既能看到趋势，又能发挥优势的人，必然能让自己更快地取得成果。

第二章
借助优势,基于趋势确定创业赛道

如何根据趋势,判断创业方向

创业时,如果只盯着一个点看,你能赚到的终究是眼前的小钱。想要赚大钱,就必须知道努力的终局是什么,要有"点、线、面"的思维。

比如,我在小红书平台上赚到了钱,是我在一个"点"上取得了成果。我会思考,这背后的"线"和"面"是什么?

"线"可能是:整个知识付费行业的兴起。"面"可能是:整个宏观互联网的高速发展。我能在某个点位上取得成果,一定是基于背后的宏观面和基本线,这才是我创业能突出重围的根本。

选择创业方向时,要试着看到趋势的"点、线、面"分别是什么,这点很重要。好比两个大学成绩不相上下的同学,小张进入传统行业干了十年,年薪只有二三十万元;小李进入互联网行业,几年就实现了财富自由。两个人的能力并没有本质上的区别,只是因为小李择业时站在一个更大的趋势"面"上,所以取得了更好的成果。

我们常说的"定位定江山",其实就是因为定位涉及"点、线、面",牵一发而动全身。所以,我们在一开始做选择时要更加慎重。

创业如何抢占先机,一招制敌

想在快速迭代的商业世界抢占先机,你需要有极强的市场调研能力。当你选择一个好的赛道,你的成功概率将会翻倍。比如,现在有小红书、哔哩哔哩、视频号、抖音等各种各样的自媒体平台,我发现小红书这种小而美的平台非常适合像我这样的普通女生,前期不需要很大的投入,一个人就可以起步。小红书的流量机制相对公平,用户优质、投入产出比相对较高,新人更容易取得成果。它不像抖音那样,前期需要花钱做流量投放,或者找专业团队运营。

一旦决定开启自媒体创业之路,你就要先做好市场调研,找到适合自己的平台和赛道,迅速入场、抢占先机、一招制敌。

未来,哪些赛道有机会年入百万

如何才能快速靠风口赚到 100 万元?如果时间能倒流,你一定知道,2000 年要买房、2008 年要做电商、2013 年要做公众号。成年人的世界就是这么不公平,如果你选择了一个夕阳行业,那么无论你再怎么努力,你可能也无法冲破行业发展的天花板。如果你选择了朝阳行业，那么你可能不需要太过努力，就能获得非常高的收入。

如果你现在还很迷茫，也想成为一个赚钱的超级个体，你可以考虑以下途径和行业，因为它们正在飞速发展。

互联网经济

记住，客户的注意力在哪里，你的生意就在哪里。当下人们的注意力早已从传统的线下转到了线上。一个成年人，每天大部分的自由时间都消耗在了手机上。如果你有自己的实体店，那么你更要注意线上流量的获取。因为，一个客户决定出门消费前，他可能就已经在手机端做好了选择。

博主经济

小红书上拥有上万粉丝的博主，他们常见的变现方式有接广告、直播带货、笔记带货、无货源电商、知识付费等。选择任何一种变现模式，你都可以获得不错的副业来源。一般来说，实现月入过万只是个基本线。

打造个人品牌

打造个人品牌是有持续复利积累的事情，哪怕你今年做自媒体做得普普通通，坚持几年后，你也可能变成一个专家。生活中有很多原本不起眼的人，因为持续重复做一件事情，最终得到了极大的溢价收入。

我有个做摄影的朋友，他刚开始接单时，报价是300元一天。后来，随着他打造个人品牌、不断建立影响力，两年后，他不仅客户多到服务不过来，收入还翻了十倍不止。打造个人品牌的本质，就是经营信任。有了信任,你与客户的合作会更加顺利,营收自然也会增长。

大健康[①]、身心灵[②]行业

经历过疫情,人们更迫切地想要满足自己的身体和心理需求。于是,大健康和身心灵行业迅猛发展起来。这些行业尤其适合做高客单产品,用户不仅有付费能力,还有极高的复购率和黏性。如果你本身就在上述赛道有积累、有优势,那你注定会成为赢家。

认清四个圈子,和有所成就的人在一起

除了本身优势的积累,我们还要不断破圈,因为破圈是成为富人最快的方式。人们总说"跟着千万赚百万,跟着百万赚十万",这不是夸大其词,而是事实。当你跟一个已经看到趋势、有所成就的人在一起时,你想不成长都很难。

我曾看到过这样的说法,想更好地把握趋势、改变人生,你就一定要明白圈子的重要性。"身旁若有佛讲经,小小灯芯都成精。"这就是耳濡目染的力量。想要更好地破圈,认清下面四个圈子至关重要:

第一个,打工人的圈子。大家谈的是职业规划、升职加薪,赚钱靠的是技能变现。

---

① 大健康:指根据时代发展、社会需求与疾病谱的改变,提出的一种全局的理念。它不仅追求个体的身体健康,还追求包含精神、心理、生理、社会、环境、道德等方面的完全健康。
② 身心灵:是心理学、辅导学、社会工作等方面常用的概念。"身"指身体,"心"指心理和情绪,"灵"指灵性,身心灵分别指自己与自己、自己与他人、自己与社会的关系。

第二个，生意人的圈子。大家谈的是产品、渠道、资源，不断去寻找风口，赚的是利润和差价。

第三个，创业者的圈子。大家谈行业、讲模式、懂创新，赚的是估值和影响力。

第四个，投资人的圈子。他们的认知保持在最前端，谈的是眼光、政策趋势，脑子里是全球化思维、人性以及社会本质，赚的是市值。

你对哪个领域感兴趣，就要尽你所能，进入那个核心领域。你要多跟高人接触，发挥自己的优势价值，不断积累自己的人脉、提升格局和势能，这才是破圈的价值所在。

从优势出发，形成你的竞争力

传统意义上的重资产创业，要搭团队、租房子、搞加盟，投资二三十万元，还不知道能不能回本，不仅压力很大，破产的风险也很高。但轻资产创业启动快、投入少、回报大。对所有人来说，轻资产创业是一种更安全的创业方式。而在所有的轻资产创业项目中，自媒体运营是投资回报率比较高的一种。

做自媒体，前期不需要投入太多成本，一个人、一部手机，就可以开始你的自媒体创业之路。最开始，我就是利用周末时间，随意拍几条视频，做着做着，慢慢变成了创业。如果有一条视频"爆"了，你会迅速火遍全网，各种变现机会也会源源不断地涌向你。

都知道自媒体是风口、是趋势，那么如何发挥个人优势呢？我的建议是遵从本心。如果你喜欢写文案,那你就做图文账号;如果你喜欢表达,那你就做口播账号;如果你喜欢拍摄、记录生活,那你就做视频日志账号。不要因为什么形式火就去做什么,而要看你本身擅长什么。只有从自身优势出发,你才能更好地形成自身竞争力。

如今,自媒体已经形成了一条完整的产业链条,中间有很多环节。你可以根据自己的优势,选择最适合你的位置。如果不想走到台前打造品牌,你也可以做运营、操盘手等幕后工作。只要你愿意拥抱趋势,用好自己的优势,即便不打造个人品牌,最终你也能成事。

那么,如何判断一件事是不是你擅长的呢?我认为,要看内、外两个方面的反馈。

内在看情绪反馈。当你做一件事情时,你是否能感受到自己的热情和浓厚的兴趣?如果你心里认可自己,总感到能量满满,并能持续去做,这也许就是你的优势。

外部看数据反馈。比如,你发完一条视频后,点赞量是多少?评论量是多少?有没有人说"你好棒,我想向你学习"?数据给你反馈之后,你会知道,什么是你的优势。

内在情绪和外部数据都达到你的契合点时,你就真正活在了自己的优势上。

创业早期的六条建议

在创业早期,大家可能会遇到很多问题,我和大家分享六条建议。

1. 看到未来趋势很重要

趋势能保证你走的方向是对的，让你少走弯路。正确地看到趋势、把握机会，可以让你的人生加速，比别人更快地取得成果。

2. 不盲目跟风，做自己擅长的事

很多人创业时，这个也想做，那个也想做，把自己忙得团团转，最后却一事无成。因此，你千万不要为了追赶风口，去做自己完全不擅长的事情。

创业早期，团队人力有限，能力也有限，只有专注于擅长的事情，你的团队效率才会最高。一定要做自己喜欢、擅长的事，只有这样，你才能更好地坚持下去。

3. 和高价值的人多联结

创业从来不是一个人单打独斗。你要打开你的人脉网络，找对的人去做对的事情。比如，我会选择市面上好的私董会，直接付费加入。这可以帮我快速打开人脉网络，联结更多的优质资源，从而提升我的创业效率。

4. 注重线上流量获取

互联网时代，人们的注意力不断向线上转移，用户的消费习惯正在悄然改变。传统商家的竞争，主要是跟隔壁的同类型商铺竞争，升级自己的门店装修，从而吸引客流量。但现在，真实客流量已经不在大街上了，而是在手机里。人们不再是进到商场之后再做选择，而是在出门前就已经通过一条短视频或者一张优惠券下了单。现在的创业环境，只有抓住线上流量，才能吸引用户的注意力。

5. 自媒体依旧是普通人走向成功的最佳路径

自媒体的发展是基于时代的发展，它的崛起是必然的。对每一个普通人来说，自媒体都是一个很好的路径选择。无论是将自媒体作为副业途径，还是创业途径，愿意尝试的人，都有可能凭借着这个机会弯道超车。

6. 个体创业时，不要做大的投入

总有人问我，自媒体创业要不要全职去做。对此，我不建议你一开始就付出很大的成本，否则你很容易焦虑和心态失衡，从而导致创业失败。我们可以从随手能做的小事开始，取得一定的成绩之后，再全力以赴创业也不迟。

选择创业赛道时，趋势和优势都是必须考量的因素。一个既能看到趋势，又能发挥优势的人，必然能更快地取得成果。

细分赛道，做有创造性的事

我常听到一些声音，觉得现在自媒体的流量已经见顶了，未来充满不确定性，这时再做自媒体，会不会失败？确实，平台用户的数量有限，流量增长速度减缓。大家都在圈地，从公域转向私域。

对此，我的建议是，大家不要总想着通吃，要做细分领域，做高客单产品。好比做减脂赛道，就可以细分成"怎么打造马甲线""怎么练出蜜桃臀"。任何细分赛道一定有空白、有蓝海，你的机会也许就藏在细分赛道里。在不断精进的过程中，我总结出两点做自媒体的经验。

第一点，先入局，从心出发

心是一切的答案，会指引你到正确的方向上。在做自媒体的过程中，你会受到一个又一个方向的引领，不管是被动还是主动，你会一次次迭代，最终会迭代到最适合你的点位上。这个时候，你就有了自己的优势。

第二点，根据数据，不断迭代

你的优势，必须是动态提升的，否则你就可能被人超越，优势也就不再是优势。做自媒体创业，风口很重要，它能给你"飞起来"的机会。而你的优势，则能让你飞得更快、飞得更高。两者完美地结合，你就更容易获得成功。

设立目标，提升创业效率

很多人在打造个人品牌的时候会手忙脚乱。忙着拍短视频，你就来不及研发产品；忙着做销售，你就来不及将产品交付给学员。每天，各种事情杂糅，令人无比混乱。其实，作为创始人，你只需拎清以下四条主线。

第一条，产品线

你今年打算卖哪几款产品？每款产品的定价是多少？计划卖出多少件？这些问题想清楚了，今年的收入基本就确定了。比如，我今年的营收计划是500万元，我的红人馆私董会入会的价格是一万元，如果我能邀请500位私董加入，就能完成我的营收计划。

第二条，销售线

做个人品牌不需要天天做销售，你可以找几个关键时间点，集中发售，实现批量成交，提升你的时间利用率。

第三条，团队线

创业到一定阶段，单打独斗是做不出大业绩的。未来的创业竞争，也不再是个体竞争，而是团队之间的竞争。想要持续提升竞争力，团队的建设和发展将是重中之重。只有人才储备做好了，创业才能没有后顾之忧。

第四条，品牌线

为了提升品牌势能，你的团队每年至少要做出一个大事件。这件事，短期内可能不会给你带来回报，但是从长期看，它一定可以提升你的品牌影响力。比如，出一本书，我认为这就是一件可以提升品牌势能的大事件。

只要沿着这四条线，保质保量完成任务，你就已经积累出了自己的核心优势。

按节奏制订收入计划，才能不焦虑

大部分人创业焦虑的原因就是没有全局思维，还是按照上班族思维在评判收入。比如，一个人这个月赚了 2 万元，下个月就一定要赚 3 万元或 4 万元，否则他内心就觉得自己的收入在下滑。但事实上，创业者的收入绝不是线性的。比如，我设立年入 500 万元的目标，并不是单纯地将全年按照 12 个月划分，保证每个月平均赚取 40 多万元的收入，而是通过做几次活动和集中发售等途径，完成我的全年目标。剩下的时间，我都是在完成项目交付。

也就是说，创业的时候，目标不一定要均匀实现，而是可以按照你的节奏来。我们要允许自己有赚钱的时候，也要允许自己有不赚钱的时候。

赚过大钱的人一定明白，钱是一拨儿一拨儿挣的。在赚钱的节奏点，你就要铆足了劲儿狠狠发力；在不赚钱的节奏点，你也不需要焦虑，可以利用这段时间去学习，管理团队、优化课程。虽然你的收入从表面看是在下降，但其实你是在不断蓄力，准备迎接下一个反弹高峰。

三条管理原则，激发团队战斗力

团队有多强的战斗力，取决于团队目标的设立情况。具体而言，在设立团队目标时，有三条基本原则。

第一条原则，权、责、利三者平衡

你有多少权利，就要承担多少责任。当然，你也可以获得更多的利益。这一点，越是小团队就越要遵守，否则越到后期，团队的矛盾越大。

第二条原则，要定短期目标，直接给结果

个体创业团队定目标，跟大公司有差异。相比大公司追求的长期的使命愿景和价值观，小团队更在乎短期目标。创业是一件有一定风险和不稳定因素的事情，如果团队没有极强的现金流做支撑，再忠诚的员工也迟早会离开。设立团队目标的时候，我除了会明确一年的长

期目标，还会明确每个月、每个星期的短期目标。只有及时获得正反馈，大家才能更好地调整前进的步伐。

第三条原则，拆解大目标，责任到人

一个创业者的管理能力，体现在其对团队目标的拆解能力上。作为团队创始人，只有把团队目标拆解到每一个板块、每一个人手上，才能确保你的公司有条不紊地运行。比如，团队中的运营人员要负责本月的涨粉情况，销售人员要负责本月的营收情况，助教人员要负责本月的用户好评情况。只有每个人各司其职，各自对自己的工作和成果负责，你的管理才会越来越轻松。

小而美的团队，绝不养闲人

过去，创业者成立公司时，是每个部门先招人，团队组建好了才开始接业务。而现在，小规模的创业团队恰好相反，他们是先做业务再招人。我们团队就是典型的小而美的团队，只有几个核心的全职合伙人，剩下的都是兼职人员和外包团队。

小团队招太多全职人员，容易导致成本过高。我最开始组建团队的时候，招的都是兼职员工。兼职员工不仅可以降低团队经营成本，还具有极强的灵活机动性，可以快速轮替。比如，我现在缺私域运营助理，我会先招募一个人负责。只有当用户太多，一个人忙不过来时，我才会再招第二个人。这样做的好处是，人员不会冗余。后来，我开始孵化一些难度比较高的项目，想实现收入突破性增长。这时候，兼职助教已经没办法胜任相关工作了，于是，我开始招募操盘手，帮我负责对接和孵化对专业度要求更高的项目。

我管理团队的模式，就是这么简单。"缺什么补什么，绝不养闲人"。另外，对于初创公司来说，制订SOP很重要。你不能把所有的希望寄托在某个员工身上。我曾经经历过团队人员突然离职而带来损失的情况，最大的感受就是，我再也不想依赖于某个人了，我一定要把所有的经验沉淀成我的SOP。"铁打的军营，流水的兵"，员工可以随时离开你，但你的营盘必须稳才行。制订SOP和编制工作手册，不仅能提升团队的工作效率，还能在人员流动时，帮助接替的新人更好地上手，降低培训成本。

发挥女性优势，实现创业稳赢

网上流传着这样一句话，"女生千万不要恋爱脑，这会影响你搞钱"。现代女生早已不像过去那样完全依赖于某个人。女性意识觉醒之后，女性对取得成功的欲望甚至超过了男性。女性创业已经成为一种十分普遍的现象。

做擅长的事，其他的交给别人

对女性创业者来说，她们总是逃不过一个问题："你是如何平衡家庭和事业的？"在传统观念里，女性要比男性承担更多的家务，负责照顾孩子、洗衣服、做饭等，她们可自由支配的时间相对就会少一些。

例如，有一个母婴博主，她每次一直播，就会被粉丝问："你怎么能做博主呢？你每天不用给孩子做饭、不用打理家务吗？"她的回答是:"当你月薪一万元时,你可能需要考虑给孩子做饭的问题。但当你月薪达到三十万元的时候,就不会再考虑这个问题了。因为在你的收入达到一定水平之后,你可以找阿姨、保姆、助理来帮你。你可以找无数人帮你解决无数问题,而你只需要做你最擅长的那件事,把其他事情交给别人去做就好了。"

成功的女性一定非常懂得权衡事情的重要程度。在生活方面,她们同样坚持二八原则,自己只做 20% 最核心的事情,剩下的能借力解决,就绝不自己动手。如果你每天把时间消耗在琐事上,那你必然没时间成长,更没时间创业。

像玩游戏一样,打怪通关

创业的过程如同通关游戏,每走一步都面临层层关卡。你需要一路披荆斩棘、升级打怪,才能渡过难关。对女性来说,这个过程更加难熬。如果想要通关成功,你往往需要做到以下几个方面。

第一,学会和焦虑长期共处

创业的过程需要处理大量琐碎的事情,你的团队、你经手的业务、你的产品等,总有无数的事情等着你处理。你不知道每天会碰到什么突如其来的坏消息,尤其是自媒体创业,你可能还会遇到攻击你的负面言论,只有心理承受能力够强,你才能经受得住各种考验。大部分人干不下去自媒体,就是因为心态不行,别人批评两句,自己就立马放弃了。

第二，要做时间的朋友

创业是持续性的，要拉长时间战线来看你正在做的事情是否能一直持续下去。很多时候，你根本不需要害怕同行竞争，因为只要你在一个领域钻研十年，不用你主动竞争，很多同行在半路自己就放弃了。

我刚开始做小红书博主时，常常因为看到很多人跟我做一样的赛道而愁闷，结果不出一年，发现我身边已经没什么对手了。原因并不是我有多强，而是大部分不具备长期主义心态的人都放弃了。创业的路上，你并没有太多的对手，真正的对手其实只有你自己。

第三，要保持稳定性

创业时，你要保持稳定的输出和平稳的心态，不能今天心情好就做，明天心情不好就放弃。你必须做一个稳定的人，只有拥有稳定的内核，持续向前走，你的团队才会稳定，业务才能稳定增长。

第四，一定要有好身体

创业到最后，拼的是什么？过来人的一致回答是：拼身体。很多拥有千万资产的精英，日常聊天的话题都是养生和健身。因为到了一定的财富阶段，你会发现好身体就是"第一生产力"。比如，别人直播两小时就脖子疼、腰疼、嗓子疼，坚持不了几天就下播了，但你却能连续直播六小时还精力满满。拉长时间线去看，哪怕那个人再厉害，你也无须担心他会超越你。时间一长，身体健康的人一定能笑到最后。

我见过很多团队，前期事业做得特别好，后期因为创始人身体不好，整个团队解散了一半。如果你选择了创业，那你一定要从今天起，就注重自己的身体健康。**健康的身体才是陪着你一路披荆斩棘的最强护身符！**

我的自媒体升级打怪之路

研究生时期，我在北京交通大学研读工科，经常要写论文、做实验、申请专利。我的课题大多是研究超导、电气、材料、仿真模型等精尖领域，还发表过四篇 SCI 论文[①]。

你一定会觉得我很厉害，就应该从事科研工作。但是，我真实的想法是，只要这辈子不让我从事科研工作，让我做其他任何事情都行。

如果你曾做过科研工作，感受过那种煎熬和痛苦，你就会发现做自媒体简直太轻松、太幸福了。做科研工作，意味着你要试图突破人类认知边界，去研发出一个世界上原本不存在的东西。而做自媒体，你只需要重复别人已经成功的路就可以了。但是，如果你问我，当初学那个晦涩难懂的专业后悔吗？仔细想想，我还真的不后悔，毕竟人生没有白走的路。

我不仅不后悔，还要感谢那段科研经历。创业以后，我发现原来专业技能可以跨行业产生"化学反应"。其实写作、制作短视频、开发课程等工作和写论文的逻辑是一样的，都是先搭建框架，然后一步步往下推演。那段科研经历奠定了我做知识付费的基本功，逻辑

---

① SCI（Science Citation Index）：科学引文索引，美国科学信息研究所（ISI）的尤金·加菲尔德（Eugene Garfield）于 1957 年在美国费城创办的引文数据库。

力、表达力、思考力,这些都是我在从事科研工作时期积累下的核心优势。

在当今这个时代,女性一定要活出自我。无论现在你处在哪个行业,你都要尽量找到自己的优势。拥有谁都拿不走的核心优势,才是你和这个世界谈判的最大底气。

用好业余时间,实现弯道超车

每次聚会,我被学员问得最多的问题就是:"我也想通过自媒体创业,可是我总觉得时间不够用,为什么你的时间那么多?"

每个人的一天都是 24 小时,做这件事就做不了那件事。确实,人的时间总长是有限的,但是你可以提高时间的使用效率。

学会一鱼多吃

比如,我写完一篇文章,会先把它发布在微信公众号上,然后再通过直播间讲一遍,最后再把精华内容剪辑成一条干货短视频。在别人眼里,我貌似做了三件不同的事情,但其实,我只不过是一鱼多吃,重复利用了素材而已。

活在你的优势上

买别人的时间

个体创业到了一定阶段后，你要学会购买别人的时间。通过组建团队，把你的工作分摊出去，让更多的人变成你的手和脚，帮你完成目标。

我的团队现在有六个人，如果他们通过各自的专业技能每天都能替我节省一个小时的工作量，那我一天就仿佛多出了六个小时。团队效率提高了，我的优势就可以更好地发挥出来，可以为用户提供更好的服务，创造更高的价值。

制订 SOP，提高执行力

无论是做直播，还是做短视频，我都有自己的 SOP。它可以保证我在做事情的时候不失焦，以最高效的方式完成任务，提高我的执行力。如果你还没有制订过自己的 SOP，那我强烈建议你，一定要试试，你会发现你的工作效率可以大幅提升。

创业时，如何保持情绪稳定？

每个创业者，都可能经历过坚持不下去、想要放弃的时刻。为避免创业时的情绪内耗，我们需要学会正视自己的情绪。

接纳情绪

有一次，我在家里洗澡，因为忘了交燃气费，洗到一半没有热水了。我当时特别生气，我妈看到我的反应，觉得很不理解，反问我："不就是没有热水了吗？烧个水就好了，犯得着生气吗？"后来我才意识到，我之所以生气，是因为当天发生了很多不顺的事情，先是核心员工离职，再是我不小心摔碎了手机屏幕，最后连睡前洗个澡都能没有热水，我自然觉得气不打一处来。

情绪跟肌肉一样，可以控制和锻炼。帮我制订减脂计划的老师总对我说："你要察觉到，自己什么时候吃饭吃到了七分饱。只有这样，你才能更好地控制自己的身体。"情绪也是一样，当情绪到七分临界点时，你应当察觉到，你的情绪可能要爆发了。

很多人会把情绪当成问题，总想跟它对抗，情绪来了就先把自己抨击一顿，或者一直压抑自己的情绪，直到情绪彻底失控。过去我也喜欢批判自己，"你怎么能因为这么点儿小事就发脾气，你情绪管理能力太差了"。现在回想起来，这其实是对自己的贬低和打压。

当情绪产生的时候，我们要学会接受它、观察它，而不是与之对抗。我会告诉自己，任何情绪都应该被接纳，否则只能增加无谓的情绪内耗。

找到根源

任何情绪的产生都有迹可循，想要彻底摆脱情绪内耗，你就要从根源上解决问题。拿我自己举例，我曾经也经历过流量焦虑。我在小红书发布笔记后，每隔几分钟就要看一下手机，为数据焦虑到不行。于是，我开始探究自己焦虑的根源到底是什么。我发现，我做自媒体的收益大部分来自广告，一旦数据下滑，就意味着广告报价降低，我的收入也会因此下降。当意识到接广告变现不可持续发展的时候，我就找到了自己焦虑的根源。

博主看似光鲜亮丽，其实也只是品牌的高级打工人，犹如提线木偶，甲方拥有随时替换你的权利。意识到这一点，我果断开始转型，我不要做生命周期短暂的达人，而要做生命周期更长的个人品牌。

现在，我不仅开发了自己的知识付费产品，还创办了自己的高端私董会——红人馆。截至目前，我已经拥有了 3 万个以上的精准私域用户。稳定的客源才是帮我彻底摆脱焦虑的良药。

如果你也深陷情绪内耗之中，那么你不妨先找到根源，否则再多的放松和疗愈行为都治标不治本。拥有一种健康、稳定的情绪，可以让你的创业之路更加顺畅。

打造个人品牌的过程是做减法的过
程。你要用最少的话,让别人记住你。

第三章
凸显优势,打造个人品牌

定位一个能发挥优势的赛道

关于打造个人品牌,我想强调一点:打造个人品牌和运营账号是两码事。很多人的账号是没有个人品牌属性的,他们只是在搬运视频或者分享段子,并没有将内容沉淀成资产。

打造个人品牌,需要你在一个领域里持续深耕,在公众面前持续曝光,不断被大家看到。当你有了积淀,大家对你产生了信任,愿意认可你的品牌、愿意追随你,这才是你打造个人品牌的开始。

我刚开始在小红书平台上分享学习笔记、经验干货的时候,其实还不算是打造个人品牌。后来,拍视频日志接广告时也不过是在为品牌方服务。那时的我还没有看到自己的优势,没有找准自己的定位,直到我做了自己的第一个付费自媒体社群后,才代表着我的个人品牌之路正式开启。我在这个赛道深耕两年后,"璐璐"这个品牌开始在行业内具备了一定的影响力。

/ 第三章 /
凸显优势，打造个人品牌

如果你也想通过自媒体创业，如果你也想获得更多的资源，那你一定要好好经营自己的个人品牌。利用优势，不断发挥品牌的影响力。

打造个人品牌，为什么价值百万

打造个人品牌所能带来的好处数不胜数，这里我简单和大家分享一下。

持续带来复利

打造个人品牌时，你的产品会随着你自身的积累而产生复利。拿我自己举例，我刚开始做知识付费时，打造的产品是一个定价为128元的年度社群。当时，我只招到了50多个学员。但是，随着我持续地推出课程，经验越来越丰富，学员案例越来越多，我在行业内逐渐形成了良好的口碑，势能也在不断提升。现在，我的产品定价已经达到了39800元，这就是打造个人品牌带给我的实际好处。

提高行业竞争力

好的品牌能让消费者产生心理预期，会让消费者有确定性。每个行业都存在品牌溢价。万科集团的房子能比普通房地产公司的房子卖得更好，星巴克的咖啡能让更多人优先选择，就是因为消费者在购买一个产品时，会有心理预期，"这个房子会不会有安全隐患？""这款咖啡是什么样的口感？""如果我买了杂牌，踩雷怎么办？"消费者不愿意承担这样的风险，宁愿多花一点儿钱去购买"确定性"。所以，哪怕大品牌的产品卖得再贵，大家也愿意承担溢价。有了议价权，你自然就具备了行业竞争优势。

成为更好的自己

打造个人品牌的过程，也是自己不断学习，变得更好的过程。内容行业需要持续地输出，你必须读更多的书、听更多的课、见更多的人，才能不断刷新自己的认知，站得比别人更高，走得比别人更远。一旦停止进步，你的品牌影响力就会变弱。

与其说打造个人品牌，不如说打造超级个体。在我做个人品牌的这几年，我开始学会自主学习、自主进化。这项核心能力，能不断积累自己的核心优势壁垒，保证我永远不会被淘汰。

改变生活方式

做自媒体时，没有打造个人品牌的人，可以灵活选择如何利用自己的时间。打造个人品牌的人，会更关注自己的时间管理，重视自己的时间和精力。他们往往更知道如何高效利用时间，会有一种无形的力量推动着他们进入一种高效的人生状态，走上人生快车道。

打造个人品牌的人，人生的长度和宽度都会有所拉伸。相对普通人来说，他们的人生体验往往是一年顶十年。从某种程度上来说，会打造品牌的人跟没有打造品牌的人过着截然不同的生活，在对自身优势的运用上也是天壤之别。

第三章
凸显优势，打造个人品牌

定位定江山，基于优势定赛道

定位决定了一个个人品牌的变现天花板。想要选择好的赛道，你需要把握几个重点。

第一，判断市场容量

比如，纯穿搭博主的收入上升空间相对较窄，但家庭关系、亲子教育、情感咨询的市场容量却很大。那么，当你将自己的账号定位到市场容量大的赛道时，哪怕你在这个赛道里排在尾部，你也能收获不错的变现结果。

第二，判断自己能否深耕

一定要想清楚这件事情你到底喜不喜欢，你是否能保证自己在这个赛道持续深耕。比如，很多人看到知识付费行业赚钱，也想入局，但自己却不喜欢学习、不喜欢讲课，那么，哪怕这个行业再赚钱，也与你无关，因为它并不适合你。

第三，判断自己是否获得过正反馈

你可以回想一下，有没有在这个赛道上获得过正反馈。比如，你想做情感博主，你有没有被别人夸过情商高？你想做学习博主，你有没有被别人夸过是学霸？大众的反馈，更能体现你真实的优势所在。

做大众赛道，借优势获取流量

　　自媒体的流量池看着很大，但获取流量实际上是很难的。想要收获大众流量，要么你有很专业的行业背书、要么你有很强的输出能力、要么你有很强的情绪感染力。有些人天生自带红人特质，生活精致、长相俊美、专业拔尖、行业稀缺，这种类型的人，更适合走大众路线。他们做知识付费，更适合定位在大众、高频、低客单的赛道。

　　我认识的很多拥有百万粉丝的知名博主，他们没有时间做一对一的服务，往往会录制一个定价99~399元的录播课，在直播间里批量售卖。他们通过一场直播卖上几百份课程，也能变现十几万元。他们只需要天天直播售卖录播课程，凭借流量就能获得不错的收入。

　　想做大众流量，你就一定要有生产爆款内容和打造流量的能力。通过自身优势，不断在互联网获取流量。

定位小众赛道，逐步深挖优势

　　小众、低频、高客单的模式更适合很难获取大流量的普通人。以情感赛道举例，流量大的博主几乎已经抢占了大部分的情感市场，流量小的普通人就只有选择细分赛道才有出路。比如，做二婚咨询这样的细分赛道，因为足够细分，所以竞争小，可以收取高客单价。假设，一个客单价是7980元，一个月哪怕只成交3单，你的月收入也可以达到 2 万多元。

总结一下，大流量的品牌适合大众、高频、低客单的模式，小流量的品牌更适合小众、低频、高客单的模式。定位定江山，你一定要结合自身优势选择适合自己的商业模式，只有这样，打造品牌才能够事半功倍。

如何打造人设，让别人第一眼就记住你

做个人品牌，是未来的趋势，是很多人必须走的路。但对大多数人来说，这是一条崎岖之路。想投身其中，你不仅要有披荆斩棘的勇气，还要注意规避常见的误区。

打造人设的常见误区

营造虚假人设

打造人设时，一定要基于自己的现实情况。你是什么样的人就塑造什么样的人设。演绎不属于你的人生，你不但痛苦，而且迟早会翻车。

人设与产品不沾边

打造人设时，你要注意人设和产品定位一致。很多人打造的人设和产品定位是割裂的。一个精致的贵妇人设,直播时却在卖9.9元的产品,就显然是不合适的。自己都不用的产品,却要硬生生卖给粉丝,这样的个人品牌也注定走不长远。

打造完美人设

越是完美的人,越容易让人避而远之。如果一个人永远无比精致,没有过任何的情绪波动,像一个完美的瓷娃娃一样,大家是无法从他身上感受到共情的。有时候,你的缺憾才是你的记忆点。打造人设千万不要只求完美。

打造大而全人设

很多人在打造人设时,总想把自己的所有经历都定位到人设里,不停地给自己贴各种各样的标签。试想一下,当你看到一个人的账号标签是"减脂教练、宝妈、财务老师、创业者",你能知道对方主要是做什么的吗?

打造个人品牌的过程是做减法的过程。你要用最少的话,让别人记住你。

如何写好自媒体账号简介,提升粉丝转化率

为什么同样的内容,别人在噌噌涨粉,而你的粉丝数却上涨困难呢?问题可能就出在简介上。你一定要有一个强有力的理由,让大家关注你。自媒体账号上,你要通过一句话介绍清楚你是谁,能够为哪些人群在什么样的情况下提供怎样的帮助。

以小红书账号常见的三行简介格式为例：第一行你可以写清楚你是谁以及你的行业背书；第二行可以写你能为他人提供什么帮助；第三行"抛钩子"，可以通过送一些免费福利，让你的潜在用户进入你的私域社群。

以我的小红书简介为例：

保研国奖，璐璐自媒体商学院创始人

孵化过1000+账号，手把手带你起步

课程咨询 | 领取资料→主页群聊

讲好品牌故事，凸显你的优势

在这个信息量过载的时代，打造个人品牌时，讲好故事显得更加重要。读完一本书后，其中的干货和方法论你可能会忘记，但是精彩的故事一定会长久地留存在你的头脑中。

做营销，不如讲故事

故事是能长久印在人心里并激发思考的，可惜大部分人低估了故事的重要性。比如，卖纸巾的人会一直卖力宣传自己的纸巾质量多么好、价格多么便宜；卖课的人一直在介绍自己的课程内容有多少干货、多么有价值。这种类型的销售，只是单纯停留在卖产品的层面上。

实际上，故事比道理更能打动人，我们要学会用故事做营销。故事会营造一种场景，引发人们的情感共鸣。大部分人的下单动作，其实是靠感性支配的。例如，董宇辉通过直播推销玉米时，他不直接介绍玉米的产地在哪，它的甜度有多高，而是讲"夜风袭来，树叶沙沙作响，天空偶尔飞来两只不知名的鸟，你一个手里拿着筷子戳着的玉米棒子在啃，一个手里还贪心地抱着水井里刚取出来的'冰镇'西瓜。大人们在忙着说他们的事情，有时候低声细语，有时候开怀大笑，你不关心。那个时候人间的事情你还没有经历，你无忧无虑得像个孩子……那时候，你爸妈身体还很健康，他们年轻、平安喜乐，爷爷奶奶也陪在你身边……"

如果是你，听了这个故事，心头会不会为之一颤？故事的魔力就在这里，它可以让用户快速产生信任和共鸣。

想打造有影响力的品牌，你就要掌握讲故事的能力。好的人设故事，可以让一个品牌更加深入人心。如果你本身就是一个善于讲故事的人，你就天然具备做品牌的潜在优势。

真实和共情，是品牌故事的底层优势

写个人品牌故事时，一定要描绘场景和细节。例如，我的微信公众号——璐璐是只鹿后花园，曾经发布过一篇个人故事长文，名为《璐璐：从"小镇女孩"，到"北京买房"，这2年，我经历了什么？》。这篇文章是我花了两周时间，一字一句写的一封约7000字的年度长信，以讲故事的方式介绍了这些年我打造个人品牌的心路历程。

在我的品牌故事里，你会看到一个北漂女孩的北京安家梦，也会看到一个创业者在创业路上摸爬滚打的经历和不为人知的幕后经历。

在文章里，我是这样描述细节的："我第一年的月工资只有5000元，而在海淀区租一个单间月租金都要接近4000元，别说在北京买房了，我连租个单间都困难……我只能搬进合租房，住在靠近一楼楼道口，十多平方米的阴面小房间里，全年见不到太阳。最尴尬的是，一到冬天，整个房间都是穿堂风，只有贴上暖宝宝，才能睡个安稳觉。"

我相信，很多北漂一族都曾有过这样的租房经历，这些细节往往更容易打动人心。想要讲好故事，你就要锻炼自己的细节描绘能力。**最高级的营销，就是故事营销。**

好故事，是普通人的英雄之旅

我们常常听到这样的故事，一个人站在一个不那么顺利的命运起点不断奋斗，好不容易有所起色，却又跌入低谷，最后绝地反击、涅槃重生，重回自己的高光时刻。这就是一个很好的个人品牌故事的脉络主线。经典的故事总是类似的，一个好的个人品牌故事，就是一场普通人的英雄之旅。

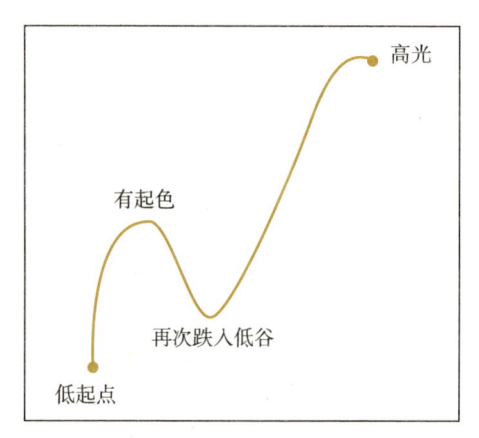

图 3-1 个人品牌故事脉络图

首先,在讲自己的品牌故事时,你要想清楚,你要讲述自己的哪几段关键经历、突出哪几个关键抉择点,以及为什么要突出这几个点。

其次,我们讲的品牌故事要真实,不要为了营造人设而去编故事。曾经有很多人给我提意见:"你的创业之路太无聊了,没有负过债,也没有遇到过感情危机,连原生家庭也找不出什么问题。不加点儿夸张的剧情,你怎么打造自己的爆款故事呢?"但我始终觉得,我是什么样的人就是什么样的人。没有经历过的事情,我就决不能胡编乱造,为了营销噱头给自己加剧情,那我迟早要被反噬。

现实生活中,不是每个人的人生都是波澜壮阔的,真正好的品牌故事并不是虚假剧情的堆叠,而是那种平凡人的英雄之旅。平凡中的不平凡,才能让普通人从中找到共鸣。

讲好个人品牌故事,虽然不会立刻给你带来回报,但从长远来

看，这样的做法一定能提升你的品牌势能，让你的个人品牌更快地占领用户心智。一旦与用户建立密切的关系，你就领先了竞争对手一步。借着这个优势，你可以更快速地完成个人品牌的打造。

在优势领域做长寿账号

这个时代，自媒体创业依旧是条挣钱的路径。当然，不是所有人都能赚到钱。事实上，20%的自媒体人赚到了自媒体市场80%的钱。这些少部分赚到钱的人往往有持续输出的能力，并且有成熟的商业模式来承接流量。他们不仅能持续地赚到钱，还能在下一个风口赚到更多的钱。

自媒体时代，不是人人都能成为红人，但每个人都有机会通过互联网赚钱。利用互联网做兼职，获得额外的收入绝不是天方夜谭。

快速起号的三种账号类型

运营账号时，只要选对方向，你就可以快速起号。以小红书平台为例，我为大家分享三种能快速起号的账号类型。

干货经验类账号

很多人都存在一个误区,总觉得自己没有干货可以分享,这就是典型的知识诅咒[①]。实际上,我们每个人都有能够分享出去的经验。比如,你是学生,那你就分享学习经验、备考经验、实习经验、写简历的经验;你会理财,你就分享理财经验、存钱经验;你很会养生,你就分享你的保养经验;你买过房,你就分享你的装修经验、买房踩坑经验。这些都是可以分享的干货。

大家的知识储备量和认知各不相同,你的任何一项技能都能在互联网上找到受众。你有 60 分的知识储备量,你就可以向下辐射到 60 分以下的人群。所以,千万不要被知识"诅咒",并不是所有人都需要专家,只要你能为别人提供一点小小的价值,你就可以依靠这点价值实现变现。

比如,我的学员——九歌学姐,她主要讲述自己的考研经历,同时,结合我们讲的文案写法、标题写法,她的作品多次成为热门。另一位学员——我是转转王,她是同频美学创始人,主攻服装美学领域。按照我讲的方法,她用干货的形式输出内容,分享 T 恤衫的三种穿法,收获了 5000 以上的点赞量。

归纳整合类账号

自媒体的作用,有一部分是用来消磨时间的。比如,大家看搞笑

[①] 知识诅咒:指的是一旦我们自己知道某样东西,就会发现我们很难想象不知道它的时候会是什么样子。我们的知识诅咒了我们。对自己而言,同别人分享我们的知识变得很困难,因为我们不能轻易重造我们听众的心境。

短视频打发时间。还有一部分是用来帮用户节约时间的，也就是我说的归纳整合类账号。

我的小红书上最开始大火的几篇作品，都是归纳整合类的。比如"涨粉20万，全靠这6个免费自媒体入门工具"，这篇作品获得了40万的点赞量，成为小红书上的现象级作品。这并不难，只要你花点儿时间，上网收集资料并整理汇总，你就可以轻松打造出爆款内容。

你可以从你的职业入手。比如，律师必读的10本书、上班族必须看的50本书、学生党考研必听的10节课、媒体人必须知道的10个网站等。你也可以尝试从兴趣爱好入手，比如，女生宅家必看的10部综艺、电影爱好者必看的10部电影、买衣服不能错过的10家店铺……只要你坚持做下去，就能快速起号。

个人成长类账号

如果你实在没有干货，也不会归纳整合，你还可以从记录你的生活开始，让大家见证你的成长。很多视频日志博主走的就是这种路线，通过展示自己的成长经历和生活状态，也能吸引很多人关注。

以上三种类型，随便一种，都能让你的选题多到做不完。

找准对标账号，一年顶十年

起号之后，我们要利用自己的优势去选择一条适合我们且高速增长的赛道，然后调研竞品，在这个赛道里找对标账号。我在帮学员诊断账号时发现,很多人运营账号,总是想做什么赛道就去做了,要么不调研竞品,要么随便找个博主去对标。我经常反问他们:"你的对标博主都不赚钱,你对标他,那你可能赚钱吗?"

大部分人在找对标账号时,只看对方的点赞量、收藏量等表面的数据,而不去关注后端变现。我们在找对标账号时,要看对方的整个商业模式。

这里我和大家分享一下我的竞品分析图。在公域部分,我们要调研竞品账号的选题、标题、封面和账号三件套,以及爆款笔记的内容框架。在私域部分,我们要调研对方的产品体系(产品种类、价格区间、对应人群)以及私域运营(直播间运营、社群运营、朋友圈运营)。只有把表格中的内容全部了解清楚,你的调研工作才算合格。

公域部分		竞品1	竞品2
竞品账号	选题		
	标题		
	封面		
	账号三件套		
内容框架	开头10秒文案		
	正文带话题标签		
	评论区运营		
	场景布置		

私域部分		竞品1	竞品2
产品体系	产品种类		
	价格区间		
	对应人群		
私域运营	直播间运营		
	社群运营		
	朋友圈运营		

图3-2 竞品分析图

我们带私教学员时,都严格要求大家要去调研竞品,利用自己的优势去冲击对方的劣势,这样我们才能不断提升自己的竞争力。

活在你的优势上

让取得成果的人，帮你发挥优势

我们运营自媒体账号时，相比自己摸索，我更建议大家向平台上已经取得过成果的人学习。首先，自媒体平台的迭代速度很快，等你摸索出了一套运营自媒体账号的方法，平台可能已经更新了规则。向取得过成果的人请教，直接套用他们的方法，能提高我们运营账号的成功率。

其次，放弃免费思维。很多人总想从网上找一些免费的资料。实际上，免费的东西都是最贵的。网上的信息是庞杂的，甚至很多都是为了哗众取宠、获取流量的错误信息。而跟对老师，他可以帮你过滤掉垃圾信息，快速筛选出高质量的落地方法论。

最后，真正让你取得成果的是专业人士的陪伴和指导。好比马云出了本书，教你如何经商，难道读了这本书的人都能成为下一个马云吗？当然不能。因为，马云没有陪在你身边指导你。现在，知识付费行业已经不再只单纯卖标准化的课程了，而是提供一套完整的解决方案和陪跑服务。

既然跟对人这么重要，那我们如何选择靠谱的老师呢？我一般会遵循三个标准。

（1）这个老师本人取得过成果；

（2）他做事情有一套自己的方法论；

（3）他有成功案例，验证过他的方法论。

满足以上三点，他就是一个靠谱的好老师。一个好老师，不仅能够帮你少走弯路，还能挖掘你身上的优势，并帮你发挥出来。

账号涨粉的五个秘诀

根据我的经验，一个账号想要持续涨粉，有五条秘诀。

1. 账号要持续利他

要想持续涨粉，你的账号就需要持续利他。想要获得别人的关注，你就要持续给别人提供价值。例如，我的小红书账号在一年半的时间里涨了三十多万个粉丝，就是因为我在策划每个作品时都会问自己几个问题："人家凭什么关注我？""我的这条内容对别人有没有帮助？"

2. 做有温度的账号

那些带着个人属性的账号往往更容易涨粉。做图文内容可能会做出爆款内容，但涨粉会慢一些，因为图文内容缺少真实感。真人出镜、口播、有明确定位的账号，往往更容易涨粉。

3. 了解平台的运营逻辑

同样的内容以不同的封面和标题发出后，产生的结果往往不同。不同的平台有不同的语言风格，平台的运营规则也在不断地变化。多刷视频培养网感，只有成为这个平台的忠实用户，你才有机会做出爆款内容。

4. 跳出算法，破除信息壁垒

想要一直保持创新性，你就要打破大数据信息壁垒。否则你会发现，每天刷到的内容都大同小异，这会阻碍你看到更多的优质对标账号。我的做法是换不同的账号登录，去打破信息壁垒。

5. 跨领域对标

我们运营账号时不要只盯着同行看，还要看看其他赛道的优质博主。比如，我做的知识付费自媒体领域，也可以对标一些爆款美妆博主的封面排版，或者对标一些情感博主的语言风格。一个账号的成功一定是多维度的，任何赛道的头部账号，都值得我们去挖掘它的优势，不断学习。

获取流量的技巧和心得

自媒体账号快速涨粉有秘诀，获取流量同样也有技巧和心得。在这里，我很想和大家分享一下我总结出的几点原则。

1. 要持续让自己变成一个流量的使用者

你要大量刷视频、大量实战。通过实战和数据的积累，在平台上有体感，你才有可能打造出爆款作品。

2. 未来，自媒体创业会越来越难

未来，自媒体行业对个人输出优质内容能力的要求将会越来越高。你一定要注重对内容的打磨，否则你会很快被淘汰。

3. 打造流量的核心密码，就是要深谙人性

所有流量都是围绕人的一些基本痛点和需求的。做自媒体的人，你对流量的把握其实就是对人性的把握。

4. 不要把打造流量看成短期的事情

你要把个人自媒体账号当作你人生的一个重要项目来经营。做自媒体，只有持续深耕，你才会持续收获。

5. 以变现为导向

你要学会倒推内容端吸引精准流量。只有获取精准流量，你的账号才具有商业价值。

所以，你要去思考，你的流量够不够优质、获取流量的方式够不够高效、能不能带来转化。优质用户的认知水平往往很高，他们付费意识强，又有能力付费，这种客户比较好服务，也更容易帮助你做出成绩。

拥有战略眼光,才是我们能在商业世界里,不断建立优势的高阶打法。

———————————·———————————

第四章
围绕优势,构建商业模式

设计简单且聚焦的商业模式

我们过去所说的商业模式，往往是指包含价值定位、目标市场、生产、销售和营销、收入模式、成本结构等环节的一个相对成熟完整的系统，且各个环节有着复杂但精细的分工。

随着个人品牌时代的来临，商业模式变得越来越简单且聚焦。现在我们所说的商业模式，往往是指围绕着个人品牌的优势产生的一套可盈利、可复制的个人商业模式。有时，一个超级个体的盈利甚至可以赶上一家上市公司。

商业模式可以用一句话来概括：基于我自身的××优势，我能为××（用户）提供××服务/产品，在他们××的需求下，解决他们××的痛点。只有你回答出了这几个关键问题，你的商业模型才算初见雏形。

第四章
围绕优势，构建商业模式

基于四个基本点，设计有优势的商业模式

商业模式的设计，要满足四个基本点——低成本、高回报、可持续、可复制。

低成本

你能否在一年不盈利的情况下，保证现金流能够支撑公司存活一年？如果不能，你就要降低生存成本。过去创业，创业者要找融资、找风险投资，要有大而全的商业模式。而现在，创业者大多是个体进行轻资产创业。大家已经意识到控制成本的重要性，一旦成本过高，公司出现经营问题的时候，财务就容易崩盘。但如果成本较低、资金结构安全，遇到市场波动的时候，公司就能更好地抵抗风险。尤其在创业初期，谁能把成本控制得更合理、更低，谁就会更具优势。大家可以先从低成本的模式做起，有了第一桶金，再开始提高预算，不断滚雪球。

高回报

创业早期，如果你想更快速地回流资金，就要选择高回报率的赛道，比如，自媒体创业。你只需要拍一条短视频上传平台，如果该短视频成了爆款，你就会被大数据持续推送给用户，让几万人看到你。一次付出、多次曝光，这就是高回报的事情。

可持续

如果一个商业模式是割韭菜的形式，割完一拨儿就结束了，没有

产生积累和口碑沉淀，那结局注定是个悲剧。但是如果一个事业，能让你做三年、五年，并且持续产生复利，你的收入自然会稳步上涨。

做一门有价值的课、写一本畅销书，这些都是可持续产生价值的事。一旦你的商业模式具有可持续的特点，它的优势就会非常突出，因为，随着时间的推移，它能长期给你带来变现和收益。

可复制

今年，你赚了 100 万元，明年如何赚 200 万元？答案很简单，就是把你赚钱的那件事重复做一遍。

商业模式的发展速度取决于你复制的速度。有些个人品牌为什么变现能力极强？就是因为他们能快速复制账号、复制团队、复制项目。如果你的商业模式还过度依赖个人时间，没办法大规模复制，那么你的营业收入一定会出现瓶颈，没办法突破。可复制的模式能让你照搬经验，有利于你的个人品牌实现快速迭代。这在快速发展的市场中是一种很大的优势。

你可以根据以上四点检测自己的商业模式是否满足低成本、高回报、可持续、可复制。如果满足，那么恭喜你，你即将在创业之路上起飞。

"璐璐"的商业模式是什么

我的商业模式可以用一句话描述：基于我较强的学习能力以及成功孵化过 1000 个以上的自媒体账号的经验优势，我能为对自媒体感兴趣的创业者、兼职者提供自媒体运营、私域变现、个人品牌打造等方面的相关服务，在他们有想做线上生意，或者想打造个人品牌的需求时，解决他们获客难、变现难、流量难等痛点问题。

加入好的圈层，合作共生

未来的商业竞争，不会再是个人与个人的竞争，而是品牌群与品牌群之间的竞争。一个高质量圈层的最大价值就是找伙伴、找资源。圈子里的人往往能一起迭代进化，互相学习。好的私董会甚至能提升我们的认知和眼界，不断扩大自身优势。

这也是我做红人馆私董会的原因。我会从我的私董里挖掘可以合作的潜在对象、孵化项目、陪跑操盘、合作共赢。这项战略坚持一年，就可以形成以"璐璐"品牌为核心的品牌生态群。只有组成轻合伙人圈子，资源共享、互相赋能，才能达到收益的最大化。拥有战略眼光，才是我们能在商业世界里，不断建立优势的高阶打法。

构建商业模式的三点建议

商业模式好不好，可以直接决定你在创业路上能否打一场胜仗，也决定了你能飞多高、走多远。在此，我要为大家分享三点建议。

1. 创始人要自己下场做个人品牌

如果你想花钱请几个员工来帮你做个人品牌，那我劝你最好及时止损。请员工出镜做个人品牌必然面临两个问题：一个是砸了不少钱，结果员工不上心，个人品牌根本孵化不出来；另一个是个人品牌好不容易孵化出来了，员工觉得是因为自己能力强，要跟你多分钱，给不到位就要单干。最后你们一拍两散，钱也花了，个人品牌也丢失了。

所以，创始人一定要亲自下场做个人品牌，毕竟只有创始人不会背叛公司。就连江南春、罗永浩、董明珠都是如此，我们普通创业者更是要警惕，做个人品牌这件事坚决不能偷懒外包。

2. 商业模式不要追求完美主义

如果你总想把产品做到完美再推向市场，等你入场的时候，你可能已经错过了行业风口期。现在的创业者在构建商业模式时，更需要边行动边调整，不要追求完美主义，而是要打造一个可以持续进化的商业模式。你只有快速入场，靠市场的反馈去不断迭代升级你的商业模式，在实操中找手感，你才能逐步探索出更稳健、更适合你的商业模式。

好比你去学游泳，你要先下水游起来，游的过程当中再去调节你的泳姿，再去思考怎么才能游得更快、游得更远。我的自媒体操盘经验也是在快速迭代中不断完善才逐渐形成的。

3. 根据创始人优势，设计商业模式

世界上赚钱的方法千千万，你不可能用到每一种。比如，我也想

第四章
围绕优势，构建商业模式

过做直播带货，毕竟直播带货依旧是现在的风口行业。但是，直播带货并不是我的优势所在，但凡直播带货做得好的主播，基本需要做到一场直播持续八个小时，一周要做好几场。我是一个比较随性又爱享受生活的人，哪怕我知道直播带货赚钱，我也做不到每天直播八个小时，更做不到声嘶力竭地介绍产品，这件事情我根本无法长期坚持。

对我而言，知识付费不一样。我不需要每天直播，只需要服务好我的客户，我们一起做项目，我在幕后做操盘，分润就好，这样的商业模式更符合我的特性。并且，我擅长钻研，研发课程体系、做好教育工作，才是我热爱的事情和我的优势所在。

构建商业模式时，你一定要聚焦在自己的优势上。只有不断发掘并发挥自己的优势，你才能更好地构建可持续的商业模式，从而立足行业、不断深耕，打造自己的核心竞争力。

从 0 到 1 打造有优势的商业品牌

在这个时代，普通人最好的创业模式就是自媒体创业。但自媒体行业变化得很快，稍有差池，你的努力就会白费。做自媒体创业，选择往往大于努力。

以变现为导向，做有优势的商业品牌

以前做自媒体，大家都要先做好内容端，打造出爆款内容，获取大的流量，成为红人后再去打造自己的产品。但现在，逻辑正好相反。现在做自媒体，是先找到一个成熟的好项目，把商业模式和后端生态策划好，再去倒推你的目标人群是谁、他们更喜欢什么内容，最后才是做内容和营销。

如果你想做出一个成熟的商业品牌，设计账号的时候，你一定要以变现为导向。以终为始做倒推,这是在自媒体领域做商业品牌的必经之路。

六种变现模式,让你的优势成为"印钞机"

互联网行业中,常见的变现方式有以下六种。

第一种,广告变现

自媒体行业中,最简单、最常见的变现方式就是广告变现,即把广告植入你的视频里,广告方给你报酬。相比于其他平台,小红书平台上的账号报价更高,广告收入基本是粉丝量级的10%~15%。一个拥有十几万个粉丝的账号,一条20秒的广告报价可能就有一万多元。

从长远来看,广告变现适合有很大流量、有影响力的人。他们往往有明星特质,极度吸粉。他们要么说话好听,要么长得漂亮,要么特点很突出。但对于普通人来说,广告变现不够稳定,最好附带一些其他变现模式。

第二种,带货变现

各个平台几乎都有自己的商城,作为博主不仅能笔记带货,还能开直播带货。在小红书直播带货的主要收益是佣金,每卖出一件产品,你就可以获得一定比例的佣金。而且,小红书后台可以直接选品,非常方便。笔记带货,就是直接在视频或者图文的笔记里面添加商品链接。比如,你是美食博主,你可以添加零食链接;你是健身博主,可以添加健身产品或者低脂饮料等链接。只要有人通过你的笔记下单,你就可以获得收益。

第三种，引流线下变现

如果你有自己的实体店铺，如花店、蛋糕店、服装店等，你就可以通过发布笔记，吸引同城流量。

第四种，知识付费变现

知识付费行业的常见产品，例如，各类课程产品、训练营产品、私董会等，投入产出比非常高。知识付费变现适合有一定专业技能或者学习能力强的人。如果你懂财务、会英语、会钢琴、会销售，你都可以做起一个账号，靠知识付费来直接变现。

第五种，直播间打赏

一些情感博主，或者娱乐主播，会通过开直播，让粉丝打赏获取收益。

第六种，项目类变现

这类变现就是买卖项目，如加盟、招商等。项目类变现适合已经有一些成熟项目，需要扩大自己商业规模的小老板。

好的商业品牌，它的商业模式和变现路径相对成熟。起步阶段，我们可以先探索并钻研一个变现方向，取得成绩之后，再去开拓新的变现方向。

如何从 0 到 1，完成商业品牌的内容策划

任何一个个人品牌都需要内容策划。一个账号，主页上的所有内容都应该是经过博主精心策划的，而不是只靠个人灵感和心情产出

第四章
围绕优势，构建商业模式

的。我们团队孵化账号的时候，有一套内容模型，大家可以直接套用，去策划自己的内容。

这个内容策划模型叫作"811"内容模型，即80%干货经验+10%归纳整合+10%人设认知。

也就是说，10条笔记里面，有8条是关于干货经验的，它的作用是塑造专业度促进转化；有1条是关于归纳整合的，它的作用是打造爆款内容、获取流量；还有1条是关于人设认知的，它的作用是提升信任度，为自己背书。

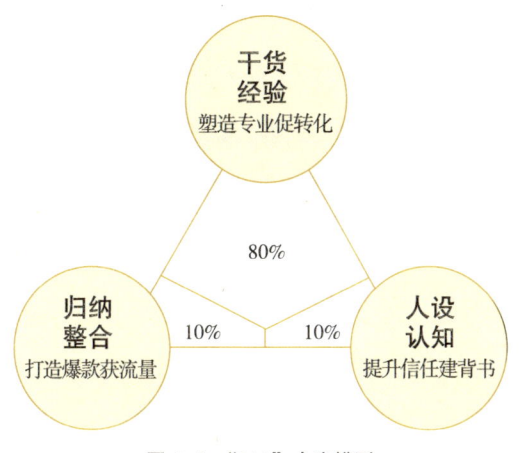

图4-1 "811"内容模型

干货经验

你的账号需要围绕自己的变现方向，输出这个领域内的干货内容。这部分干货内容可以帮助你建立专业的个人品牌形象，方便后期做销售转化。比如，你是一个创业者，你就可以分享你的创业经验、开店经验、带团队经验等。

归纳整合

你的职业一定能输出一个归纳整合类的作品。比如，医生必读的10本书、教师必听的10节课、自媒体人必备的4个网站，等等。你思考一下，你现在是不是可以立马策划出一个选题。

归纳整合类内容采用了信息枚举的形式，更容易戳中用户需求。因此，它的作用是帮助我们出爆款、获流量。用户可以通过一条爆款作品点进你的主页，从而让你的其他作品有了更多被看到的机会。

人设认知

你会发现，一些美妆博主明明在美妆赛道，但是，她们却不经常输出如何化妆的干货知识，反而经常讲自己如何从一个丑小鸭一点点摆脱自卑成功逆袭为白天鹅的故事，等等。这些选题，看似和她的账号类型无关，但是，实际上她可以通过输出这类话题，引起用户共鸣，让大家更喜欢她。

成交的关键就是要解决信任问题。一旦用户开始无比信任你，你就无须担心他不对你输出的内容价值付费了。因此，塑造人设类的选题，都是为了提升用户信任度。包括我们做的个人品牌故事，其实也是为了提升大家对我的信任度。

两个阶段，做小而美的商业品牌

普通人做自媒体创业，大致可以分为两个阶段。

第一阶段，从新手到初级创业者

当你打通了商业闭环，开始有了客户、具备了盈利能力，你就已经达到了初级创业者的标准。这个时候，你就要开始思考如何继续找到第二个客户、第三个客户的问题。

第二阶段，从初级创业者到资深创业者

从初级创业者到资深创业者，需要我们优化自己的商业模式。这个时候，我们要开始加杠杆。比如，加团队杠杆，你要把工作流程拆解，交给不同的团队去负责；加内容杠杆，你要开始运营矩阵号，获得更多的流量曝光。在你成为资深创业者的阶段，最重要的事情就是学会能力重组。你要把自己的优势发挥到极限，把不擅长的事情交给别人，才能实现收益的最大化。

如何打造一支高质量的团队

创业时，最可怕的事情是你自己辛辛苦苦在前线奋斗，却没想到因团队不靠谱而导致后院起火。打造一支高质量的团队，是塑造品牌中非常重要的功课。一个靠谱的团队可以让一个品牌的效能翻倍，不靠谱的团队则可能会让一个品牌毁于一旦。

三个关键点，招募靠谱的人

我有个朋友，他招人的标准之一就是和他志同道合。他认为，和这样的人共事，能让他更加快乐、保持积极的工作状态。因为他的公司绝大部分的收益来自他个人品牌所创造的价值，所以他拥有好的工作状态就是"生产力"。因此，招募到靠谱的人，这一点对打造高质量的团队是很重要的。至于如何招人，我总结了三点经验。

1. 不选最好的，只选最对的

团队招人时，你要列出明确的工作需求点。小的初创团队，不一定非要招到多么厉害的人，只要这个人的能力匹配你的需求就可以。

很多创业者在招人时，都折在了"招最好"的执念上，一上来就以几万元的月薪招募有知名互联网从业经历的高管。结果，对方虽然管理能力很强，但是他可能对一线的实际业务缺乏了解。你还不如招一个能力尚可但是靠谱懂一线的人，踏踏实实地把事情做好。因为，创业时，员工让你省心更重要。

2. 选择深度认可你的人

已经在打造个人品牌的人，我建议你可以优先从内部学员里选择团队成员。因为他们是已经认可你的人，甚至是你的付费用户，所以，你选择他们不仅能避免内耗，培训成本也会降低。例如，樊登老师的很多代理商，就是被他从他的学员里选出来的。

3. 性格要合拍

招人时，除了看对方的专业能力，也要看其性格。如果招来的人，他的性格与你的团队整体风格以及你本人的性格极度不匹配，那么他极有可能会影响团队氛围。

招到靠谱的团队成员，能提升团队效率，让团队形成更强大的凝聚力。对需要团队作战的你来说，这就是你的一种隐形优势。

如何激发员工的内驱力

好的团队管理模式可以激发员工的内驱力。想要团队既高效又和谐，可以从下面三个维度进行团队管理。

1. 设置合理的分润模式

任何团体想要发展得更长远、更健康，都要有合理的分润模式。除了给员工基础底薪作为收入保障，你还需要在他们做得好的时候，给予相应的提成激励。能力更强的员工，我还会让他们成为项目负责人，直接拿项目分润。

2. 设置合理的奖惩机制

比如，销售岗是一个比较考验人性的岗位。销售的薪资一般由底薪和提成构成，销售人员如果希望挣到更多的钱，他可能就会拼命地去和一些不该成交的人建立联系，这对团队来说就是一场灾难。在我的团队，我一旦发现销售人员出现过度承诺现象，导致客户的差评和退款，与他相对应的销售提成就会被取消，并且他还要接受批评。这就是利用惩罚措施规避人性的恶念。

当然，员工做得好的时候，你也要给予鼓励。有的助教服务工作做得很好，学员甚至会发来感谢信。我看到这样的信息，就会截图直接发到团队工作群，当着大家的面表扬他。员工在工作中获得成就感，是他们能持续心甘情愿为你做事的重要原因。创造正反馈，可以激发人性的善念。

3. 创造有温度的工作氛围

现在，大家工作不光是为了挣钱，也需要开心。因此，你要深度关心你的员工，给他们成长的空间。比如，我听到好的课程，会给我的团队成员报名让他们学习；我看到好的书，会直接买来邮寄给他们；节假日和员工生日，我还会给大家邮寄礼物。在他们眼里，我不仅是一个老板，还是一个陪伴他们成长的暖心大姐姐。

不要只把你的员工当成赚钱工具，他们是为你打江山的人。你用心对待他们，他们自然也会更用心地对待工作。

良好的团队文化是团队价值观的体现。良好的团队价值观，不仅能引领自己，也能影响别人，它会不知不觉地为你的团队注入更多能量，带着大家一起走得更远。

如何找到优势互补的合伙人

超级个体时代，每个人都有自己能力突出的板块。大家想达成更大的目标，就要通过合伙来实现优势互补、资源互补。找合伙人时，我有四点建议。

1. 合伙人要采用轻合伙模式

小团队不要深度捆绑合伙人，尽量采用轻合伙模式，也就是只基于某个项目做分润，而不涉及公司的整体股份。这样可以最大限度地避免内部矛盾，一旦这个项目不做了，大家直接根据项目进行结算即可。我现在的商业模式，也是基于轻合伙合作模式。大家彼此自由，又彼此互为依靠。

2. 合伙人要跟你三观契合

合伙人不仅与你有密切的工作往来，还会有深度的项目合作。因此，双方必须三观一致。如果你追求口碑，对方追求利润，最后你们一定会闹僵。

3. 合伙人愿意主动付出

选合伙人，一定要选择有格局、心态包容、愿意主动付出的人。如果对方事事跟你计较，你们之间内部的消耗就会影响你进步的速度。比如，我的合伙人最开始完全没有跟我谈过钱，能做什么就去做，能帮什么就去帮，大家为了最后的结果一起努力。我们看重的是未来的发展，而不是眼前的一亩三分地。

4. 合伙人要与你业务能力互补

合伙人要有很强的专业能力，在他的专业范围内要有案例。例如，我的合伙人陪跑过几十万粉丝量的账号，做过千万元体量的项目操盘，他的专业能力可以说是顶级的。同时，他的优势和我正好互补，我的优势是做内容、做直播、做品牌；他的优势是做商业策划，做后端流量项目操盘。合伙人能力过硬、彼此优势互补，可以使一个团队效益更高。

个体崛起的时代，想要更好地发展，你就需要做到"精、专、细、活"。"精"是指精细化分工；"专"是指能够做专业的事情；"细"就是做事比较细致，能把事情落地、把小事做好；"活"就是灵活，合作方式自由且灵活。如果你能把"精、专、细、活"这四个字做到位，你的团队就有极高的优势壁垒。

运营的本质是运营人心

运营逻辑：不要把用户当数据看

所谓运营，其实就是经营好你的用户群体。私域的运营尤其需要精细化，核心是把用户当人，营造一对一的聊天场景。

有的人，我刚通过社交软件加上他不久，他就会发一堆产品介绍给我，或者隔三岔五地群发信息，在不了解我需求的情况下狂发广告。一旦出现这种情况，即使我本打算购买他的产品，我也会放弃。因为，我觉得对方没有重视我，只把我当成推销的对象，那么我给他的产品付费，我的钱大概率会打水漂。

我们团队运营的理念是，千万不要过多地打扰用户，尽量不要给用户私信群发消息。用户认同你，才会成为你的私域好友。你会给你的好朋友每天群发消息吗？如果不会，你就不要对你的用户那样做。

实际上，运营的底层逻辑就是反运营。我们要把用户当人看，不要把用户当数据看。只有重视你的客户，你的客户才可能重视你。1000 个有温度的铁杆粉丝，抵得上千军万马。

高端私域运营，如何建立边界感

运营社群最令人头疼的一件事就是群成员随意发广告。有一次，有个人在群内发广告，我的同事提醒他群内不能发广告。他情绪很激动，觉得这个是对大家有用的东西，不是广告。但是，一则信息是不是广告、有没有打扰到别人，不是他个人说了算的，而是要看别人的感受。后来，我制定了严格的群规，并且在运营我的红人馆私董会时，我们对群规又进行了升级迭代。

我们运营红人馆时，在社群规则里明确了什么是优质内容，什么是不鼓励的内容，并且关于广告的判定我们也有细化的定义。这样一来，我们红人馆的群内，从来没有出现过广告以及无意义的信息，我们社群的活跃度也一直保持在较高水平。

当然，我们也不是绝对不允许群成员发广告的，毕竟加入社群，很多人的初衷就是宣传自己的产品和服务。如果你想在群内给自己打广告，那你可以附带一个红包。这样的管理制度，既没有将个别人发广告的行为一棍子打死，也没有过度放纵。久而久之，我们的社群运营得越来越健康，群友的关系也越来越纯粹。

除了运营社群，我们也非常注意跟用户私聊的频次。千万不要过度打扰用户，尤其是高端用户。高端客户的注意力是极其宝贵的，如果你隔三岔五就群发消息给对方，对方一定会有所困扰，最终不得不把你拉黑删除。

那到底什么是运营的边界感呢？打个比方，每个用户都有一扇自己的门，这扇门只能他自己从里面打开，而不能被别人从外面撞开。这就是边界感。

表 4-1 红人馆社群规则

社群规则	
优质内容 / 包括七个种类：	
1. 重大热点	国内重大新闻、商业热点，并延展讨论
2. 行业政策与重大发现	小红书相关规则变动、功能改动，政府政策等
3. 自己取得的成果或群友线下见面后分享的干货总结	取得成果后分享成果、分享干货总结
4. 私董重大事宜	哪位私董进群了，哪位私董融资了或取得重要成果了
5. 优质文章、书籍推荐、读书心得、短视频分享	自己看到优质内容后有哪些感触可以发到群里，但需要加上自己的评论
6. 自身业务合作	寻找操盘手、个人品牌、合作伙伴等，发个 200 元的小红包效果更好
7. 红人馆官方活动通知	璐璐直播答疑、连麦分享、课程更新、线下活动、线上活动等通知和报名接龙
不鼓励的内容	
发布无意义、易造成刷屏或过多占用大家注意力但价值感不强的内容	
1. 无意义内容	比如：早起打卡、自拍、健身打卡图（带红包的自我介绍除外） 连续且过多的无意义表情包

（续表）

不鼓励的内容 发布无意义、易造成刷屏或过多占用大家注意力但价值感不强的内容	
2. 适合私聊的内容	可以两人或三人私聊的内容建议私聊，不过多占用群聊
3. 广告	可以发广告，但必须搭配红包（至少500元）
4. 私董本人作品	包括但不限于海报图片、短视频、公众号文章等。如果需要发此类内容可以搭配红包
5. 自己产品的好评图	此类信息可以发，但视同广告
关于广告	
定义	把群里私董当成客户，以直接或间接的方式推广自己的产品。过多分享自己作为某个产品学员或者客户的感受
何为优质内容	真心把大家当成真正的同学，分享自己的营销策略、运营心得等内容，这种内容需要鼓励
判定	在社群内，群成员间可以相互监督提醒，但璐璐拥有对内容是否为广告的最终判定权
是否可以发广告	可以，但群成员发一次广告（不超过2条消息并且是连续的），要同时发被分成50份的500元红包。群成员发几次广告，就要发几次红包，不能发一次红包就一直不断发广告
重要说明	
璐璐和肖厂长不为群内任何私董做商业背书，大家也都是成年人，涉及资金往来，请自行判断、决策，自行承担合作风险。	

商业运营的三个层次

品牌的商业运营分为三个层次，由浅入深。

1. 公域账号运营

公域是获取流量的最大端口。做公域平台的运营，不需要太过复杂，只要了解不同平台的运营规则，知道如何获取流量、精准引流即可。

2. 微信生态、朋友圈运营

把用户转化到微信之后，你就可以开始微信生态圈、朋友圈的运营。通过朋友圈的精细化运营，可以更好地树立品牌形象，激发用户的购买欲望。

3. 社群运营

这个层级就要考验你的运营水平了。运营得好的社群不仅活跃，而且用户续费率高；运营得不好的社群，可能没有几天就会变成"死群"。这个时候，我们要根据社群属性制定不同的运营方案，不断激活用户。

运营的分层其实也是对用户的分层，是一个由浅入深的过程。针对不同的对象，要匹配不同的运营强度。

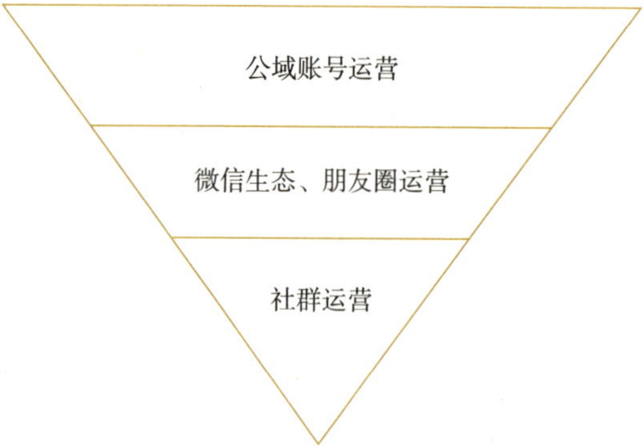
公域账号运营
微信生态、朋友圈运营
社群运营

图 4-2　品牌商业运营的三个层次

打好标签，把精细化运营变成优势

要想做好精细化运营，就一定要做好标签体系管理，这也是销售环节非常重要的一个步骤。你只有清楚地知道每个用户的需求，才能在不过度打扰对方的情况下，更好地触达他、更好地成交。

为更好地跟踪订单，我们团队内部一直延续使用 SABC 标签体系。我们在为用户打标签时，会把用户分为两大类：一类是已付费学员，我们会根据他们的付费课程，为之打好对应的标签；另一类是未付费的潜在客户，我们会按照 SABC 标签体系，为之打上相应的标签。

S 级标签客户：指的是只差临门一脚就要成交的客户。例如，对方已经说："老师，我晚上回家就给你付款。"那么，我们就会为这样的客户打好 S 级标签，置顶微信聊天框并及时跟进。

A级标签客户：指的是高意向客户，有强烈的付费意愿。例如，对方主动咨询过："老师，我有××问题，您能给我介绍一下您的××课程吗？"这类用户属于A类客户。

B级标签客户：指的是潜水用户，他们从来没有主动跟你联系过，也没有明确拒绝过你，只是一直保持观望状态。这类用户，我们可以选择通过一些促销活动将他们激活，让他们先跟你产生一次联结。

C级标签客户：指的是明确拒绝过你的用户。例如，他们说过"暂时不需要了""我最近没有时间"之类的话，这类客户我们就要暂时放弃跟单，而把精力投入更需要帮助的S类和A类客户中。

看一个品牌私域是否运营得好，其实看他的用户管理就知道了。标签打得越详细，就代表你对客户的了解越详细。因此，如果你想要建立自己的私域优势，就一定要注重用户的标签体系搭建。

发好朋友圈，放大你的优势

朋友圈运营越来越重要。很多时候，朋友圈就是成交一万米中的那最后一米。

传统的微商发朋友圈，目的只有一个，就是晒案例、发广告，告诉客户他的产品有多好，某个客户用了有什么效果。现在的朋友圈运营，更需要生活化、真人化，你要向用户传递一种生活状态。想要发出高质量的朋友圈，你可以从产品圈、生活圈、工作圈、干货圈、三观圈这五个维度入手。

产品圈

你要突出前后对比，清楚地告诉大家，使用你的产品后有什么效果。这需要用户证言和案例。

生活圈

你可以发一些生活、聚会、旅行的照片，让用户看到你是真实的人，看到你生活中的样子。用户需要和你建立信任和情感联结。

工作圈

你的工作实况、幕后生活，都可以及时更新。你不仅要让大家看到台前的你，还要让大家看到幕后的你，这样你说的话才更加可信。

干货圈

你可以多贡献一些行业的干货知识。极致利他不仅在公域有效，在私域同样有效。我一般会定期整理一些行业的最新资料做成文档，免费发给朋友圈的好友。

三观圈

你可以发一些自己对行业或人生的深度思考。你能不能成为一个有影响力的人，其实就是看你的三观能不能影响更多人。比如，你如何看待创业、如何看待行业前景、如何看待人生，都是你三观的一部分。很多人经常跟我说："我每天睡前必须翻一下你的朋友圈才能睡着，不然总觉得少了点儿什么。"当用户逐渐把看你的朋友圈当成一种习惯时，你对用户的影响力就会越来越强。

此外，我想跟大家分享几个我发朋友圈的小技巧。

1. 发朋友圈绝不传递负能量

一个经常在公开场合发表消极言论的人，内心一定不明朗。一直在传递负能量的人，能量场域是极低的，我们一定要避而远之。如果一个人总在朋友圈贬低别人或者抱怨生活，那么他在被我看到三次以上后，可能就会进入我的黑名单。因为，我不想被他扰乱我自身的高能量场。

2. 发朋友圈一定要多展示细节

如果你想通过朋友圈成交更多客户，那么你就要展示你取得成果时的一些细节。不要总展示结果，而是要展示过程，你要让大家像看电视剧一样，不断对你的故事充满兴趣。比如，我决定要做一件大事后，我不会等做成了以后，再发朋友圈通知大家，而是从我决定做的那一刻起，我就开始发朋友圈预热。当我孵化第一个合作项目的时候，我就把从合作签约到项目启动，再到项目策划的全部流程都通过朋友圈同步给大家，让大家见证我做这个项目过程中的点点滴滴。这就会让用户有一种看连续剧的感觉。当一个人见证了一件事从无到有的过程，这件事的结果才会对他产生更大的冲击力。

3. 发朋友圈一定要不断强化优势

朋友圈是打造人设的平台之一，你要多基于自己的优势去发布内容。如果你的优势是交际能力强，那就多发交友的日常；如果你的优势是产品做得好，那就多分享你打磨产品的过程。总之，要让用户在

活在你的优势上

你的朋友圈里持续看到你的优势,这样你才能不断树立你的个人品牌形象。

商业运营,其实就是让你的用户逐渐靠近你核心优势的过程。运营的本质,就是运营你的核心优势。

四个方法，用优势做好销售

销售和交付是同等重要的商业环节。重销售却不做好交付的人，口碑往往容易坍塌，把自己"压死"；重交付但不做销售的人，现金流往往不够充足，容易把自己"饿死"。关于如何做好销售，我有四个方法分享。

认可自己的优势，内心对产品认同

产品销售之前，你内心对产品的认同是非常重要的。你要想一想，你是否认可自己的产品、认可自己的优势。很多人打造品牌时，一到销售环节就心虚，不敢将产品卖上高价，就是因为对自己不够自信，不认可自己的优势。

如果你认为自己的产品对别人根本没有价值，做销售时就会没有底气，赚了人家的钱也会觉得不好意思。但是，如果你深度认可自己的产品，知道对方能够通过你的产品得到收获，你就会意识到做销售其实是在帮助他。

设置钩子见面礼，强有力地引流

不管是线上引流，还是线下引流，你都要给别人一个强有力的理由去添加你的微信。其中，钩子见面礼是引流的重要手段之一，不仅能提高你的微信添加率，还能让你的品牌形象更加饱满，让大家感受到你干货满满，对你产生好印象，甚至直接找你下单购买服务和产品。那么，我们应如何打造高转化率的钩子见面礼呢？

见面礼要和你的产品直接相关

如果你的主要产品是课程，你可以做一些试听课、录播课作为见面礼，让用户先免费体验。你还可以在录播课里融入一些学员案例，为后期转化做相应的铺垫。

见面礼要体现你的优势

设置钩子时，你要思考自己能为别人解决什么问题，把核心优势埋在钩子里。通过见面礼，塑造自己的专业形象。

见面礼要具备二次传播性

钩子如果设计得好，就会具备二次传播属性。看到有用的文档或者幻灯片，不少人会将它转发给自己的朋友，或者其他付费社群，从而为你带来新的裂变流量。注意，见面礼一定要留下自己的二维码，这样才不会浪费一次好机会。

见面礼要塑造价值

一个没有话术包装的见面礼和一个精心打磨的见面礼，引流效果可能有天壤之别。这就像在商场卖货时，有时候，巧克力好不好吃不重要，盒子好不好看才是影响顾客想不想将它带回家的关键。

不管任何场合，只要你想送出自己的见面礼，你就一定要做价值铺垫。比如，我给大家发见面礼时，不会只说"我送给你一份自媒体文档"这样轻飘飘的一句话，因为，这样不会让对方有想得到它的冲动。

如果是我，会用到这段话术，供大家参考："这份自媒体文档是我历经三年，踩过无数次坑、交过数万元'学费'之后总结出来的经验。这是我首次公开的关于我在一年时间内，靠自媒体变现七位数的秘密。如果你也想通过自媒体创业，或者想做一份赚钱的副业，这份文档一定会对你有所帮助。整整两千字，全都是付费课程级别的干货，现在你可以找我免费领取。"

解决销售三问，在直播间展现优势

设计好钩子见面礼，我们能通过朋友圈和社群去间接销售。但是，要想把课程卖爆，主动销售也很重要。目前最高效的销售方式，就是直播间销售。

直播间往往能实现人、货、场的高度统一。不仅有主播做讲解员，还有货品展示，还有实时互动的评论区。在这样的销售氛围下，用户的下单欲望是最大的。

直播间想要提高营业额，其实就是解决销售三问。

第一问，为什么要买？

没有什么产品是客户非买不可的，你一定要告诉客户，为什么他们需要你的这个产品。例如，为什么创业者要学习自媒体？因为创业者普遍缺少流量。任何生意没有流量，都只有死路一条。

你要挖掘产品背后客户的痛点及需求，让客户感到"我真的需要这个产品"，从而持续激发客户购买的欲望，这样就能解决"为什么要买"的问题。

第二问，为什么要跟你买？

市场上，很多人在卖同类产品，你的产品并不稀缺，那客户为什么要跟你买？想要解决这个问题，你需要展示自己的独特性。比如，你有什么样的专业背书、你的优势有哪些、你的用户证言是什么。客户买你的产品，其实就是买你个人品牌的"确定性"。

第三问，为什么要现在买？

很多客户说好要下单，但是付款时却总往后推，明天买、后天买、下个月再买，然后就不了了之了。为了促使客户立刻下单，规定限时的名额、限定的价格、限时的权益，都至关重要。我们在设计新品发售的时候，讨论最多的环节就是关于营销策略的设计。什么时候涨价、什么时候关单，都会直接影响产品最终的销量。

设计销售话术，让你疯狂爆单

直播间销售和朋友圈运营的点对点成交，其实都是一场卖家与买家心理的博弈，其中蕴含着DDPDC销售法则。DDPDC销售法则，其实是一套标准的销售流程。

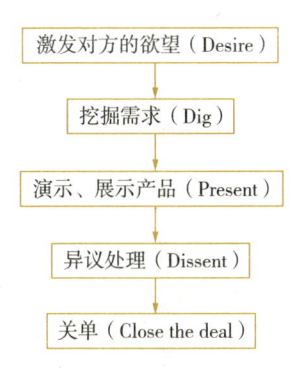

```
激发对方的欲望（Desire）
        ↓
    挖掘需求（Dig）
        ↓
演示、展示产品（Present）
        ↓
  异议处理（Dissent）
        ↓
  关单（Close the deal）
```

图4-3　基于DDPDC销售法则的标准销售流程

任何销售话术的设计都基于DDPDC销售法则。利用这套法则，你可以先激发对方的购买欲望，然后不断戳其痛点，随后展示产品进行现场答疑，最后结束产品展示，用限时权益进行关单。

不要害怕做销售，销售是把你的好产品推向大众的必由之路，也是能够让你发挥自身价值优势的必由之路。

打造产品,其实也是打造自己人生优势的过程。只有放弃短板、聚焦长板,你才能快速出圈。

第五章
结合优势，设计用户需要的产品

结合优势做产品，为用户提供最大化价值

自媒体创业应该是基于产品做内容，而不是基于内容做产品。很多博主做内容时，想到什么做什么，总在追着爆款做内容，吸引了大量泛流量，但后端要么没有自己的产品，要么产品不精准。没有产品作支撑，哪怕流量做起来了，变现的效率也非常低。所以，做自媒体之前，你一定要提前规划好自己的产品。

传统意义上的六种产品类型

从传统意义上说，我们可以将产品分为六种类型。

第一种，实物型产品

实物型产品的运营模式分为两类：一类是博主有货源，自己进货发货模式；另一类是博主无货源，直接从平台选品，你不需要囤货，

平台一键代发。以实物类产品为变现方向，比较适合新手的起步阶段，只要有货就能卖。但是，缺点是实物类产品价格透明，存在同行之间盗版抄袭、打价格战等恶性竞争的问题。

第二种，社群型产品

社群型产品需要本人具备一定的运营能力，还要有持续输出的能力，能一对多对客户进行服务。比如，现在的很多资料群、打卡群、学习群等，都是社群型产品。

第三种，咨询型产品

咨询型产品更适合有专业能力的人，在一对一的场景中解决个性化的痛点问题。比如，升学、求职、情感、商业等方面的咨询服务，都是满足个性化需求的咨询型产品。

第四种，陪跑型产品

陪跑型产品注重结果，需要投入较多的时间精力，它的盈利模式一般包含基础的服务费和项目的分成。比如，项目孵化、品牌孵化等需要深度合作的项目产品，都是陪跑型产品。我们的轻合伙人项目就是陪跑型产品。我们提供打造个人品牌的一条龙服务，比如，产品设计、流量获客、私域激活、活动发售、售后追踪等。同时，我们也可以拿到项目的分红权。

第五种，知识型产品

知识型产品对个人品牌的要求相对较高，需要本人有一套成熟的知识体系和方法论。比如，录播课、训练营等，都是知识型产品。

第六种，圈子型产品

圈子型产品的门槛相对较高，需要个人品牌具备一定的资源储备或行业背书。用户购买圈子型产品，是想进入一个核心圈层，联结圈子里的资源或者提升认知。比如，我的红人馆私董会，就是典型的圈子型产品。

结合优势，设计产品

大部分人并不知道产品的类型，更不知道自己能做什么、不能做什么。我们设计产品时，一定要结合自己的优势。比如，有的人擅长长时间锚定一个客户，重视成果交付，他就可以选择做一些重交付的产品，比如项目孵化；有的人喜欢讲课或者演讲，那么他就更适合做一对多的社群，或者录播课。因为他认为，比起专注服务一个客户，一对多更轻松；有的人擅长解决别人的个性化问题，他就更适合做咨询。

不同类型的产品，要求的能力特点不一样。只有找到最适合你的产品，你才能最大限度地发挥自己的优势。

根据优势，打造你的尖刀产品

很多人做产品会陷入一个误区，总想着生产、销售的产品越多赚得越多。实际上，产品越多你越容易陷入混乱。例如，我在指导一些

第五章
结合优势，设计用户需要的产品

学员进行产品定位时发现，他们一上来就列出一堆产品，但梳理一个小时后，产品定位还是很混乱。用户看到你的产品，你却说不清楚每个产品在人群、功效、定价等方面的区别，那么用户该怎么做选择呢？

新手打造产品，千万不要贪多，要讲究少就是多。从产品盈利的角度来讲，我们并不能平均从每个产品中都获得利润，更多时候是核心产品带来了绝大部分的利润。我盘点了一年来我做的事情，发现我的一个主产品，利润占比达到80%，而剩下的全部产品加起来只有20%。

因此，很多个人品牌在起步阶段，可以只做一个尖刀产品，最多附带着做一两个小产品。那什么是尖刀产品呢？我是这样理解的：首先，它能占据你收益的80%，给公司带来极强的现金流；其次，它具有长销属性，可以一直卖三五年之久；最后，它能代表你的核心能力和优势，一提到这个产品，用户就会自然联想到你，你就等于你的品牌形象。

如果你想短期内取得成绩，你就一定要深度剖析自己的优势，聚焦一切资源，聚焦一切精力，去打磨好你的尖刀产品，快速树立自己的江湖地位。

打造产品，其实也是打造自己人生优势的过程。只有放弃短板、聚焦长板，你才能快速出圈。

善用漏斗模型，做好用户分层

大部分个人品牌做商业模式和产品设计的过程中，都会用漏斗模型不断地筛选用户。从上至下，产品的客单价越来越高，漏斗中的用户越来越少，最后筛选出核心用户，深度为其提供服务。

当你有了自己的尖刀产品，就可以根据漏斗模型，逐渐迭代出自己的产品矩阵。不同产品之间可以形成互相转化的关系。

如何用漏斗模型设计产品

设计产品漏斗模型首先要设置价格梯度，不同的梯度价格要有不同的产品来对应。一般情况下，免费品最多、引流品变少、利润品再变少、锚定品最少。设置不同的梯度，能保证我们的每个产品触达不同的人群和不同的需求。但凡进入产品网的人，总有一个产品能够触达到他。

我们可以把产品的漏斗模型想象成一个倒三角，内部分为四层：第一层是免费型产品，第二层是引流型产品，第三层是利润型产品，第四层是高价值产品，或者叫锚定产品。产品漏斗设计得越好，沉淀的用户越精准。

璐璐的产品模型

有的产品盈利点并不在自身，而是为其他产品做转化。比如，我的 99 元自媒体入门基础课，就是引流产品，它本身并不盈利，只是为我后端的训练营或者私教课做转化。如果你不知道产品设计的漏斗模型，那你在设计产品的时候就可能一叶障目，只关注某个产品的盈利，忘记从全局思考问题。

下面，我结合自己的产品设计模式，让大家更好地理解漏斗模型。

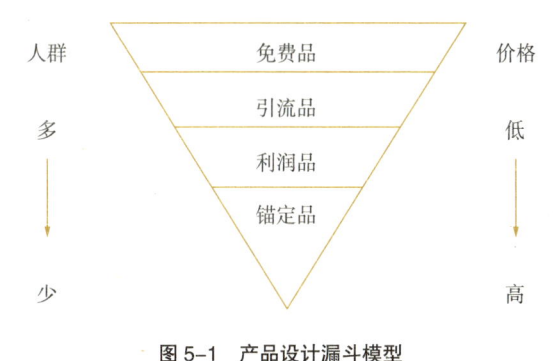

图 5-1　产品设计漏斗模型

免费型产品

我的免费型产品包括：微信公众号文章、日常直播、短视频作品、朋友圈深度思考，以及一些福利文档等。它们不收费，但是可以贡献价值。免费型产品其实是流量入口，主要目的是触达更多的人，让更多的人看到你、认识你，提高个人品牌的曝光率。

引流型产品

我的引流型产品包括：自媒体入门基础课、三天体验营、公开课等，它们的价格区间为 9.9～199 元，用户购买不会有任何负担。引流型产品的主要作用是验货和转化。相当于我们买护肤品时的试用装和小样。用户体验以后觉得好再买正装，觉得不好，用户也没有太大损失。

好的引流产品，不仅能提升用户对品牌的信任度，还极有可能实现用户付费意愿由低转高，有机会让用户购买更贵的利润型产品。

利润型产品

我的利润型产品包括：小红书训练营、红人馆私董会等，它们的价格区间为几千元到几万元。这两个产品是我目前的尖刀产品，也是我能在自媒体创业江湖上脱颖而出的撒手锏。

锚定型产品

我的锚定型产品包括：私教服务和项目孵化服务，客单价在 3 万元以上，并且我会深度参与，拿项目分润。它是一个公司从百万级别到千万级别进阶的重要一环。

一个好的产品设计漏斗模型不仅能为你筛选出你想要的用户，更能体现你的思维方式。漏斗模型越往深走，越靠近你的核心优势圈。免费型产品只是对你优势的最浅层展示，让大众接触到了你优势的最外围。引流型产品能让用户体验到你的优势。利润型产品能让用户享受你的优势。而锚定型产品会把你跟用户进行强绑定，让用户达到你的核心优势圈，让你的优势为他创造巨大价值。

什么样的产品是好产品

评判一个产品好不好、适不适合你,其实是有标准的。很多人觉得,好卖的产品就是好产品,实际并非如此。好卖只能证明产品的转化率高,只是解决了销售环节的问题。但是,如果它的复购率和毛利率都很低,那它就未必是一个好产品。

说到这里,就不得不提产品具备的五率属性,即市场占有率、毛利率、复购率、转介绍率和转化率。我们的商业能力可以帮我们更好地判断一件产品,预测它的价值,做到先胜而后战。

市场占有率

市场占有率指的是你的产品所在赛道的市场容量有多大。市场占有率越高,你的产品自然也越有市场。

毛利率

毛利率指的是除去投资成本,还剩下的利润比例。毛利率的高低，一般与产品或服务本身的特质紧密相关。有些产品或服务毛利率天然较高，例如，白酒、医疗美容、身心灵等。

复购率

复购率指的是用户是否持续需要该产品，会再次购买。复购率的高低，取决于产品本身是否自带复购属性。比如，考研、成人英语赛道类知识付费产品的复购率很低，用户选择此类产品的目的性很强，知识学会了就不会再需要这类产品。考试没考过的话，用户也会考虑换一家机构或者不考了。因此，本身不带复购属性的产品基本是一次性的产品。

转介绍率

转介绍率指的是一个客户能带来多少新客户。好的营销策略可以帮你提升转介绍率。比如，我们每次发售产品的时候，都会采用裂变式发售模式，一边卖产品、一边涨粉丝，实现双轮驱动。

转化率

转化率指的是对你产品感兴趣的用户，有多少人愿意为此付费。提升团队的销售能力，可以有效提升产品的转化率。

产品的五率中，市场占有率、毛利率、复购率基本是固定不变的，而转介绍率、转化率可以通过人为的努力不断调整。

对创业者来说，没有一个完美的产品，大部分的产品都只能做到其中的 2~3 个指标相对较高。所以，你需要不断结合自己的优势进行取舍，找到更有利于自己发挥优势的好产品。

先分析优势，再制定产品策略

在制定产品策略之前，我们要先分析自己的优势是什么。你是产品力比较强，还是流量力比较强？这就涉及我们的商业模式，是要选择低客单模式，还是高客单模式。

知识博主如何选择适合自己的产品

不同类型的人制定产品的策略往往有很大不同。

非专业型人群

成为知识博主初期，这类人的专业技能还不够强，也不具备特别大的流量，他们适合先从低客单模式做起，并且在运营过程中，逐渐进阶，从而让自己的产品能够不断涨价。我就属于这类人。刚开始做自媒体的时候，我的能力还不够强，于是，我就先从 128 元的社群课程售起，然后在服务客户的过程中不断积累案例，提升自身专业能力，进而不断提升我的客单价。

低客单的优势是价格低、好售卖，销售环节相对不那么吃力，对博主本人的专业度要求也没有那么高。劣势是如果持续做低客单产品会比较依赖流量。好比你只有一千人的私域，哪怕所有的人都消费了 9.9 元，变现加起来也没有多少。因此，想要保证利润，要么涨价，要么不断获取新流量。

专业型人群

这类人在专业领域已经具备很深厚的积累了。例如，一个从业二十年的英语老师和一个深耕财税领域的财务教练，他们本身属于行业内的专家，这类人在初期就能做高客单产品。

做高客单产品，不需要他们疲于获取流量和销售。他们大部分的时间可以花在打磨产品、提升专业能力和孵化成功案例上，几个精准用户就可能为他们带来几万元或者十几万元的收入。但是，高客单产品对博主本人的要求较高，需要你投入大量的时间，要有非常强的专业背书，以及极强的专业能力。

产品的选择是根据你目前的优势动态迭代的，并不是你选定了某个产品就不能改变。随着你的专业度、知名度、所拥有流量渠道的提升，你也可以不断对产品结构和营销方案进行调整。

边学边干，让自己成为专家

我有个学员，在朋友圈美学领域做得风生水起。她是一位没有高学历，也没有职场经验的全职妈妈，那她是如何做到凭借自媒体，稳定月入几万元的呢？听完她的故事，可能会带给你一些启发。她的创业之路可分为三个阶段。

第一个阶段，她加入各个社群，帮别人免费做海报，大家觉得她做得又快又好，慢慢开始给她付费。一开始，她的定价只有 39.9 元，但是做海报这个业务需求量大，而且复购率高，客户满意了，甚至会和她签订长期的合作协议。慢慢地，她就开始有了稳定的客群和收入来源。

第二个阶段，在她积累了一定的专业技能和用户案例后，她开启了自己的知识付费之路。她开发了899元的美学课程，不仅教人做海报，还把自己手里服务不完的单子，让给自己的学员。这样一来，学员不仅能跟着她学技术，还能挣到海报设计的接单费，学员们可能只需用1~2个月就可以把学费赚回来。因此，她的这个课程也收获了很多好评，帮助她完成了第二次收入升级。

第三个阶段，她发现通过客户口口相传裂变的方式，提升流量始终有瓶颈，因此，她认为必须学会从公域获客的技能。我帮她布局完小红书账号后，她瞬间打通了公域流量的卡点，账号后台不断有人私信她，每天微信也能引流超过几十位精准客户。这时候，她又开发了9000元的自媒体美学变现私教服务，她的知识付费产品完成了新一轮升级。她带着学员一起学技能、获流量、强变现。至此，她的产品从39.9元的低客单产品一步步迭代到了9000元的高客单产品，收入也大幅提升。

最好的成长，是在战斗中成长。你要先行动起来，在实战中积累经验，不断调整、边学边干，让自己成为专家。就像这位学员，她本来也不是专家，但是通过做自媒体，她慢慢把自己修炼成了一个专家。这对一个常年生活在小城市的全职妈妈来说，已经是很大的成就了。

所以，无论你此刻的基础如何，只要你有想改变的决心，都可以凭借自媒体获得新的人生，从此活在人生的优势上。

各个流量平台，哪个更有利于售卖产品

我在带学员的过程中，经常被学员问："老师，我到底适合哪个平台？"抖音流量大、视频号黏性高、小红书客户好、朋友圈变现强，你会选择哪个平台呢？答案是，你适合哪个就选择哪个。

所有的平台，其实就是不同种类的工具。比如，在武侠小说里，有的人选择修炼刀法，最终成为武林高手，也有人选择苦练剑术，也能成为武林高手。无论选择哪一种工具，只要你能把它用好，你就能成为一代宗师。我有个学员，他的微信里有 2 万个精准的爱茶用户。他每年靠发朋友圈宣传、售卖茶叶，就可以实现几百万元的收入。还有个学员，他本人属于温文尔雅的气质类型，在抖音做直播一直未见起色，转战小红书平台后，他的直播间直接冲到服装类目的直播带货销量排行榜前 3 名。因此，我们售卖产品时，要根据自己的优势，选择适合的平台。

那能不能多个平台同时做呢？我的建议是，起步阶段最好一心一意。就像一个人练习剑术，就一定要先集中精力把剑术练熟，然后再去练习刀法和枪法。

两种方法，增强产品竞争优势

做品牌难免会遇到被他人模仿、抄袭的情况。比如，知识付费行业中，你的定位、海报，甚至课程教案逐字稿都可能被他人抄袭。但是，有两方面的东西一定是不会被人轻易抄走的。

第一，你本人的专业能力是他人抄不走的

别人能抄你的课，但抄不走你的思想，更抄不走你的专业能力。例如，市面上大部分自媒体老师，都在教你怎么策划内容，怎么写爆款文案。但是，我做的是商业自媒体课程，不仅会教你怎么策划爆款内容，还会以变现为导向，帮你做好自媒体平台的内容策划，让你的流量变成钱。这部分商业能力，是我所具备的别人抄不走的核心优势。

第二，你的用户证言是他人抄不走的

用户是你切切实实服务出来的，用户购买了你的产品，愿意为你的产品提供担保和支持，他们就是你的证言团。例如，我在直播发售

/ 第五章 /
结合优势，设计用户需要的产品

红人馆私董会这个产品期间，一场直播发售就做到了 GMV（商品交易总额）237 万元，轰动了整个知识付费圈。我的好成绩，并不是因为我的销售话术水平有多高，而是因为直播期间我请来了一个用户证言团。他们亲自出面，在直播间为我站台背书。这么多学员都来支持我，我的直播间就变得异常火爆，潜在用户瞬间对我产生信任感，纷纷下单。

想要不断提升产品的竞争力，你就要有意识地打造自己的专业能力差异化、用户证言差异化，这些才是你的核心优势壁垒。 用户看到了你和其他人的不同，才会更主动地与你联结。

三点切入，打造差异化的产品

现在的市场上，根本不缺产品，只缺有差异化的产品。打造差异化产品时，我们可以从人群、内容、需求三点入手，体现你的独特优势。

人群差异化

比如，同样是解决失眠的问题，有的人专门服务大学生群体，定价只能是 199 元。有些人则将自己定位为精英睡眠诊断师，专门为企业高管这类高付费人群进行睡眠治疗，定价就可以达到万元以上。同样的服务，定位到不同的人群，收益就会有天壤之别。

内容差异化

市场上的很多内容同质化严重，有差异化的内容才能突出重围。比如，同样做自媒体教学，别人都是教你"怎么写爆款文案"，而我教的内容是"怎么借助爆款内容,打造自媒体变现闭环"。内容上不同,产品价格自然也不同。

需求差异化

以饮料品牌举例,做大众化的饮料是不能有市场空位的。你必须在需求层面做出差异化。比如,某款能量饮料可以解决你熬夜、精神不好、脸色蜡黄的问题,那这款饮料一定比普通的饮料卖得更好。因为它解决的痛点足够精准、场景足够清晰,它自然就可以迅速占领市场空位。

打造产品的差异化,可以帮你快速建立核心竞争优势,让你在红海市场中开拓出自己的蓝海市场。

三大心法,打造高客单产品

有了差异化,就意味着你具备了与众不同的优势。想要打造高客单产品,我有三个心法和大家分享。

慢点成事

很多人在创业初期就想做高客单产品,想一下子就取得成功。结果,自己基本功不到位,导致收费越高,"死"得越快。

我们要允许自己慢点成事。比如,别人积累了五年经验才将产品打造得更有价值,有能力提升定价。你只做了一年的产品,你的产品自然还不具备足够的竞争力。所以,你要沉下心来,慢慢修炼自己,慢慢打磨产品,总有一天,你可以将产品卖上更高的价格。

/ 第五章 /
结合优势，设计用户需要的产品

舍得投资

一类产品，如果你没用过其中最好的，那么你就不可能做出最好的。很多人想做出高客单产品，但是他却从来不付费体验任何高客单产品。这就好比，你都没吃过米其林餐厅的美食，却妄想自己成为米其林大厨，这是不现实的。

我有一个做私董会产品很有经验的朋友，他在推出自己的圈子品牌前，曾经把市面上做得最好的十多个私董会产品都付费体验了一遍，然后取长补短。之后，他凭借恒星私董会这一个产品，仅用一年的时间就创造了千万元的收益。这个朋友就是人称"私域肖厂长"的星辰教育创始人肖逸群。

甘为人梯

很多人做高客单产品，总想依靠客户一举成名。但我的想法是，要让客户凭借我一举成名。我们要把自己当成别人的梯子，而不要把别人当成自己的梯子。当你能为别人创造更大价值的时候，财富和影响力自然也会向你靠近。

截至目前，璐璐团队孵化的个人品牌视频，累计播放量超过10亿次，变现金额累计超过8位数。毫不夸张地说，我的团队能有现在的江湖地位，得益于我们善于成就别人。你要不断打造成功案例，让靠近你的人变得更好，这才是你的产品越卖越贵的核心要素。

未来的机会，藏在你的优势里。只要找到自己人生的支点，你就能撬动无限的可能。

第六章
经营优势,向上社交

靠谱的圈子，助你不断放大优势

创业之前，我生活在一个固定的环境里，每天朝九晚五地上班，很难意识到圈子的重要性。创业之后，经历过商场上的孤军奋战，我才逐渐体会到圈子的重要性。有时候，和圈子里某位专业人士的一次高质量谈话，可以帮助我有效提升自己的认知。

寻找圈子，补齐四种差距

一个人的成功，与他身边那些亲近的人有着极为密切的关系。一个好的圈子，能帮助我们有效补齐"四个差"。这也是我做红人馆私董会的初衷。

信息差

赚钱的本质就是信息差。当一件事物"我知道，你不知道"时，我就可以通过信息差赚钱。目前，可以最快速补齐信息差的地方，就是私董会这样的高端圈层。私董会上，各行业头部企业的老板们聚在一起，会探讨好的商业模式、交流最新的平台玩法。你在私董会上得到的这些一手信息，可以让你在商场上快人一步。

认知差

一秒看透本质和永远看不透本质的人，他们取得的结果可能大不相同。如果能一秒看透本质，你就会知道事情的终局在哪儿，就知道现在该去采取什么样的行动和做出哪些反应。在圈子里，你的认知会被迅速补齐，看到了趋势，你就能提前布局。

执行差

很多人做事情之所以没有结果，就是因为中间的执行环节出了问题。如果一个圈子里，大家的执行力都很强，每个人都在努力地做直播、做课、出书，如果你看到所有人都在往前走，那么你是不可能让自己安于现状的。当你的执行力从 50% 提升到了 100% 时，你将有机会取得翻倍的成果。

人脉差

创业时，你需要找各种资源和人脉。比如，做直播带货，你要找供应商、主播、操盘手、合伙人。你不可能永远孤军奋战，而是需要和别人进行合作、达成共赢。如果你不加入圈子，那你去哪里找到优质的人脉呢？一个好的圈子，可以让你快速联结到你想要的人脉资源，以便快速行动、取得成果，这就是补齐人脉差的优势。

活在你的优势上

付费学习是对提升自我的一笔投资

我加入过一些创业圈、知识付费圈和个人品牌圈，在这个过程中，我感触最深的是，很多人把交学费当作一种消费行为。但是，我不这样想，我会把每一次付费学习都当成一次投资。

事实也证明，只要我付费进入某个圈子，我就能在短时间内把学费翻几倍地挣回来。比如，我进入几百元的圈子，我可以赚回上千元；我进入两万元的圈子，我可以赚回十几万元。

我曾经花了2190元的学费进到一个拥有百万粉丝的博主的新媒体圈子，当月就变现了10万元。当时，我并没有时间去听这位老师的直播课，但我还是果断付费了，我只是单纯地觉得这个老师靠谱，值得我去联结。于是，我在报名当天就给他发信息说："老师，我工作很忙，可能没时间听您的直播课，但是，我想加入您的圈子支持您。"

没想到，他对我的印象很好。后来，他看我小红书做得不错，就邀请我做了一场分享活动，这场分享活动给我的私域导流了200多个用户。有的用户直接报名参加了我的训练营，还有的用户直接付费购买了我几万元的私教产品。后来，那个老师总在直播间提起我，我成了他的一个口碑案例，越来越多的人通过他的直播间找到了我。

为什么我付费学习能有这么大的投入产出比？因为，我是自带价值地进到某个圈子的。只要我在其中分享一次干货、释放一次个人价值，就会有人主动找我联结。这个价值肯定超过了我付的"门票"。

以上的变现成绩只是人脉资源带给我的回报，我在这个圈子里学到的各种知识回报率更高。其中，那些最顶尖的营销打法可以帮我快速提升销售能力。有一次，肖厂长在他的恒星私董会上为大家拆解了他的发售方法，我立马拿来实践。那个月，我的小红书训练营产品卖到了 120 份，变现 30 万元以上。

如果你只把知识付费当作一种消费，进入社群后既不释放自我价值，也不主动学习成长，那你自然不会有所收获。但是，如果你懂得发挥自己的优势，并且不断提升自己的核心技能，你完全可以凭借圈子的力量，让自己再上一个台阶。

撬动圈子力量，倍速提升变现能力

看到我的经验，你一定非常好奇我是如何通过加入圈子让变现能力提升十倍的。其实，决定加入一个圈子前，你需要多方面考量，看看这个圈子是否适合自己。我有两种选择的方式分享给大家。

第一种，要看圈子里的人群画像是否和你的用户画像匹配

比如，我进入一个育儿类的圈子，肯定没有人主动加我。但是，如果我进入一个打造个人品牌或知识付费的圈子，那么对这方面感兴趣的人都会主动跟我联结。

第二种，除了找一些线上圈子，你还要找有线下聚会的圈子

如果你想达成高客单价产品的成交或者与圈子里的人有更深入的合作，那么你就要尽量多地参加线下的聚会。线上聊千遍，不如线下见一面。人和人有过一面之缘,彼此交流过、产生了信任,你们才有可能建立友谊和深度联结,继而产生更深度的合作。

谨记,不是所有的圈子都适合你,也不是任何一个圈子都值得你加入。一个人能顺利加入一个好的圈子,往往是经过他千挑万选后才得到的结果。

对创业者来说,想找资源确实需要圈子。但是,千万不要盲目地加入圈子。只有找到和自己优势相匹配的圈子,你才能充分撬动圈子的力量,让自己变现的能力提升十倍。

如何发挥优势，向上社交

加入圈子往往可以联结很多优质的人脉资源。你可以通过展现自身优势，主动为他人提供服务，提供情绪价值，实现向上社交。当一个圈子的创始人成就明显比你高时，付费进入这个圈子就是你向上社交的最简单的方法。

向上社交的三个常见误区

社交的本质，其实是价值交换。但很多人在社交时，要么没有找到正确的方法，要么陷入了社交的误区。以下就是几种常见误区。

误区一，没有自我价值，盲目社交

很多人只关注社交的频次，却没有关注社交的质量。这样的人，没有找到自己的核心能力，哪怕他认识了一堆人，对他而言也没有任何实质性的帮助。一次有效的社交不在于你认识了多少人，而在于你能与多少人产生深度联结。你要先具有价值，才能通过进入某个圈子放大自己的价值。

误区二，社交时功利心太明显

向上社交时，保持真诚很重要。有些人功利心太强，把结识的人当工具，总想得到对方的资源，实际上对方是能感觉到的。越是厉害的人，识人的敏锐度就越强，他们能很容易地看透你的心思。因此，社交时不要藏私，真诚永远是一个人最大的撒手锏。

误区三，社交时没有边界感

你身边有没有这样的人？他们看上去人脉很广，总在说"我认识A""我认识B""我跟C非常熟"，甚至还时不时通过透露对方的隐私，来证明他和对方的关系。

向上社交时，我们需要注意，当你和他人有七分关系的时候，你就要用三分的姿态来和他相处。这是什么意思？意思是，你永远不要仗着自己跟对方很熟就自以为是，突破你们相处的边界。有些人，他可能只和某个人见过几次面，却把自己当成对方的朋友，时不时还会向对方提出一些过分的要求，甚至在外面到处吹嘘和对方的关系，这明显就越界了。哪怕你跟他的关系真的很好，你也不要到处吹嘘。只有充分认可对方的价值，保持该有的尊重和界限，你们的关系才能长久。

第六章
经营优势，向上社交

向上社交，不要想着一步登天

必须要承认，我不是社交型选手，很少出门应酬。机会来的时候，我总是顺其自然，然后随缘处之。

社交中，人与人的相处应该是一种自然而然的状态。向上社交和跨越圈层都是循序渐进的过程，千万不要过度强求。

跨越圈层好比摸着石头过河，你要先在你所在的圈层里站稳脚跟，再去踩下一块石头。如果步子跨得太大，你就有可能随时落水，最后竹篮打水一场空。很多人在社交时野心太大，往往会为了跨越圈层过度向上社交，这样很容易迷失自我。不适合自己的圈层不要盲目融入，你要先好好修炼自己，等时机到了、能力够了，你自然可以实现目标。

一个懂得向上社交的人，一定对自己有着精准的认知。这样的人，知道自己的优势是什么、不足是什么，也知道自己能要什么、不能要什么。遇到机会，他们会尽可能地把握机会，但也不会过分强求。其实，我们能做的就是做好自己该做的事，尽人事听天命。

选择对的人，向上社交

我鼓励大家向上社交，但不鼓励毫无原则地向上社交。打个比方，哪怕你现在特别饿，要去超市买泡面充饥，那你也得看好配料表、生产日期和保质期才行。如果泡面过了保质期，你肯定不会买。向上社交也是一样，你得关注这个人的三观、人品和性格如何，这些就是他的人格配料表。

如果你盲目地向上社交，只注重对方的外在，却从来不看对方的人格配料表，那你迟早会害了自己。但是，如果对方的人格配料表里面有很多天然的成分，比如纯粹的思想、健康的价值观，那这个朋友你自然可以放心交。

向上社交固然重要，但也不要饥不择食。吃不好的东西，身体会出问题；交不好的朋友，灵魂也会越来越糟。

有社交恐惧症，不敢向上社交怎么办

有人问我，我有社交恐惧症怎么办？我还能向上社交吗？首先，我告诉大家，你不见得真的有社交恐惧症，可能你只是和身边的人气场不和，彼此没有想要交流的欲望。

向上社交的过程中，你会碰到很多高能量、令人如沐春风的人。他们懂得照顾你的情绪，可爱有趣、温暖治愈，只要你和他们待上一会儿，就会觉得有收获、有价值、有意义。你自然也不会拒绝跟他们交往。

相应地，当你向下社交的时候，你可能就会遇到一些低能量的人。他们或许热衷攀比，问你一个月的收入有多少；或许八卦无聊，问你结婚、生娃、买房与否。你和他们聊天的话，会感到既没有营

| 第六章 /
经营优势，向上社交

养，又耗神费力，和他们待在一起简直就是一种折磨。久而久之，你自然会觉得自己是"社恐"人格，不适合社交。但其实我想告诉你，你不是"社恐"，你很正常，只是你周围没有高能量的人罢了。换个圈子你就会发现，向上社交，其乐无穷、未来可期。

如何精准社交，跨越圈层

我始终认为，泛社交是很浪费时间的事情。一次精准社交，有时候可能抵得上十次、二十次的泛社交。

人脉在于精，而不在于多

很多人不敢跟优秀的人接近，跟他们交朋友时也有恐惧心理，总想着"人家那么优秀，怎么会跟我做朋友？"实际上，只要你能做到以下四点，优秀的人会主动跟你联结。

第一点，把对方当普通人

每个人都是普通人，不管一个人赚了多少钱、取得过多大的成就，他都会有弱点和需求。面对他们，你只需要思考自己能不能给他提供一些帮助。如果答案是肯定的，那你就是他需要的人，他甚至会主动和你社交。

第二点，提升自我价值

优秀的人之所以愿意主动靠近你，是因为你能给他提供价值。这个价值可能是实用价值，比如，教他做内容或打造品牌；也可能是一些情绪价值，比如，他跟你在一起时感到放松、开心。正向的情绪价值，就像正向的磁场一样，它不仅能让自己过得很好，还能让靠近你的人都过得很好。因此，一个人拥有高能量，有时候也是一种独特的社交优势。

第三点，敢于主动推进关系

当优秀的人靠近你时，你要足够主动、敢于开口、敢于推进关系，不要总等着对方向你抛出橄榄枝。越优秀的人往往越稀缺，面对任何稀缺的人或事物，你当然要自己主动争取。你不让别人看到你，别人真的就不会看到你，"是金子总会发光"的时代已经一去不复返了，现在是一个人人都需要自我营销的时代。

第四点，充值情感账户

好的关系需要你持续充值你们的情感账户。之所以很多人最后能成大事，就是因为他把情感账户经营得好。向上社交的时候，你一定要注重在平时就维护好你们之间的关系，定期为你们的情感账户储蓄，不要等遇到事情想要"取钱"了，才发现自己的"储蓄罐"中空空如也。人情社会，懂得经营情感账户，也是一种优势。

成为人群中的前 10%，用优势横向跨圈

人生有多个维度，每个人在不同的维度里有不同的位置。向上社

交其实有个捷径，叫作横向跨圈。

不管你在哪条赛道，只要你把自己的优势和专项技能发挥到极致，在学历、技能、职位、家境等任何一个维度上成为人群中的前10%，你就可以用优势横向跨越圈层。

下面这张图，可以更好地帮助大家理解。

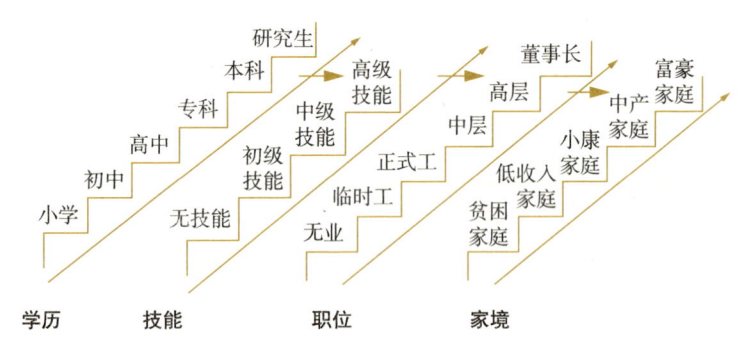

图 6-1 利用优势横向跨圈的路径

在学历维度上，分为小学、初中、高中、专科、本科、研究生。在技能维度上，分为无技能、初级技能、中级技能、高级技能。在职位维度上，分为无业、临时工、正式工、中层、高层、董事长。在家境维度上，分为贫困家庭、低收入家庭、小康家庭、中产家庭、富豪家庭。每个人都在不同的维度上占据不同的位置。

举两个横向跨圈的例子，A 没有学历，也没有稳定的正式工作，甚至父母还让他背上了债务。但是，他热爱美发，有非常专业的剪发技能，可以帮助明星做好各种妆造。他把技能修炼到极致，结识了很多演艺圈的核心人物，实现了横向跨圈。

B学医出身，拿到了全球排名前几的医学院校的博士学位。虽然他还没有踏入社会，也没有财富积累，但是他仍然可以通过参加高端学术会议或者一些圆桌论坛结识到一些企业高管，甚至成为他们的健康顾问。他凭借把学历提升到极致，也实现了横向跨圈。

"三百六十行，行行出状元。"无论你在什么赛道，只要能把自己的优势发挥到极致，活在你的优势上，你就可以实现向上社交，横向跨圈。

做一个让别人舒服的人

想要真正跨越圈层，并且长久稳定地维持下去，其实还有一个秘诀：成为一个让别人舒服的人。

感到舒服或痛苦是人天然的情感体验。人的所有行为，从本质上讲都是想要离痛苦远一点、离舒服近一点，这是总体的趋势和规律。

不管是父母关系、朋友关系，还是同事关系，最后你都会根据感觉选择跟这个人亲近还是远离。某一时刻，你可能会被某个人的光环吸引，觉得他有资源、有能力、有才华，很想靠近他。但是，随着时间的推移，这个吸引的震动幅度会趋缓。此时，如果他让你不舒服，哪怕他对你有价值，你在心理上也会慢慢疏离他，转而选择和一个让你感觉舒服的人相处。

从这个角度可以说，一个人，能让别人感觉舒服，是一种巨大的社交优势。在我们向上社交的时候，如果你能让人感到舒服，就不要担心今天的得失，因为最后你都会得到成果。但是，如果你让别人感到不舒服，哪怕今天得到的再多，最终也将失去所有。

为什么有的人各项能力很一般，只是性格好、情商高，就能常常有贵人运呢？看不懂真相的人，会认为这是运气，但一眼看透本质的人会明白，这其实是一种必然。人最终都会趋向于自己的感觉，这就是世界运转的真相。

千万不要害怕被拒绝

向上社交的时候，千万不要抱有过高的预期，觉得你抛出去的每个橄榄枝，对方都应该接受。实际上，**被拒绝是一种常态，被接受才是一种幸运。只不过，你一定要主动争取这种幸运，否则，这种幸运肯定无法砸中你。**

我曾经遇到过一位贵人，他可以解决我职业生涯中非常重要的一个问题，但我前前后后犹豫了两个月，都没敢开口向他寻求帮助。就当我准备放弃的时候，我突然反应过来，求助之后最坏的结果是什么呢？不就是没有得到对方的帮助吗。对我而言，我没有任何损失。更何况，万一他答应了呢？

于是，我鼓起勇气给他打了电话，我们仅仅聊了一分钟，他就爽快地同意了，并且很快就帮我解决了问题。这个时候，我才恍然大悟，幸亏我选择了主动争取，否则我就和这个机会失之交臂了。

第六章
经营优势，向上社交

　　向上社交的时候，你一定要克服内心的恐惧，别人帮助你是情分，不帮是本分。向他人求助时，无论结果如何，你都不会有何损失。所以，一定要放平心态、勇敢开口、多试几次，总有一次你可以得到肯定的答案。

经营好优势，贵人会如约而至

贵人的可贵之处在于，他们往往会出现在你人生的关键时间点上，带你走上一条新的道路、让你看到不一样的风景。有时候，贵人抛出的一个橄榄枝，会给你的人生带来巨大的帮助和更高层次的提升，甚至可能会改变你一生的命运。

贵人出现，是优势使然

我人生当中遇到的第一个贵人，是我研究生时期的导师。大四那年，我拿到了保研名额，我当时的学校很难把我直接保送到北京的"211"院校。但那时，我主动给一位素未谋面的教授发了一封邮件，想要搏一把。没想到，这位教授不仅回复了我，还在我来北京后热情地招待我。后来，我通过了保研面试，成功进入北京交通大学，他成了我的导师。在他的悉心指导下，我顺利获得了国家奖学金和优秀毕业论文，甚至还成功发表了四篇 SCI 论文。正是因为他的赏识，我才有了来北京读书的机会，才有了更多被看到的可能性。能成为他的学生，我感到非常的幸运。

有一次，我问导师："您当时为什么要选择我做您的学生？"他告诉我："因为我看了你大学时期每一次的考试成绩，能看得出来，你是一个对自己有高要求的好学生。正好我申请的国家项目是你现在的研究方向，你自然是不二人选。"

我们人生中出现的每一个贵人，看似都是巧合，但实际上是因为我们做了十足的努力、十足的准备，把自身优势发挥到极致，时机一到，我们自然就会被贵人发现。

在创业阶段，我遇到的贵人是肖厂长。肖厂长的私董会是我第一个付费加入的高端圈层，里面汇聚了各个赛道的头部品牌和头部创业者。有一次，他邀请我去他的私董会做分享，在我讲课结束后，他立马主动跟我约了一个电话会议，正式邀请我做他的项目合伙人。就是因为这样的机缘，我们才有机会进行深度项目合作，一起把红人馆私董会打造成了小红书的头部私董会。

后来，我问过肖厂长："你作为一个头部个人品牌，拥有 3000 万个私域粉丝，为什么会选择我做轻合伙人呢？"他告诉我："因为你的赛道足够细分，你的优势足够稀缺。你不仅自己取得过成果，还帮助别人取得过成果，你就是小红书自媒体教学的'扛把子'，我当然要选择和你合作！"

很多人一直苦苦寻找贵人，殊不知，当你做好自己，充分发挥自己的优势时，贵人就可能会主动出现在你的身边。所以，**遇到贵人之前，我们要踏踏实实打磨好自己的专业能力，让自己具备不可替代的优势，这样，资源和人脉自然会慢慢靠近你。**

经营关系，善意是最好的催化剂

当贵人出现的时候，如何做才能更好地和贵人建立联结呢？对此，我有四点建议。

1. 多去主动付费

我觉得，付费是一种极其高效的社交方式。一旦你认可某一个人，想要和他建立联结，最高效的方式就是利用金钱。当你成为他的客户时，他就要时刻把你放在心上；当你成为他的高端客户时，他就要想方设法帮助你成功。

没有家庭背景，也没有太多资源的普通人更应该通过付费快速向上社交，"买到"更多的见识和可能性。一个不愿对未来投资的人，他的社交效率通常很低，只能待在自己固有的圈子里，周而复始、毫无突破。

2. 传递正反馈

我有个朋友，他特别喜欢给老师报喜，每次取得阶段性成果时，都会给老师写感恩小作文。正反馈不仅能让贵人看到他的成长，还能让贵人感受到他的优势价值。久而久之，老师们越来越喜欢他，一有好的机会，都会主动想到他。

人和人的相处始终逃离不了情绪。贵人收到的正反馈越多，他的行动力就会越强。因此，你要让贵人体会到成为伯乐的满足感，他觉得在你身上投入的时间是值得的，自然会不断提携你。

相反，如果贵人帮了你以后，你就消失于人海，从来不反馈，也从来不报喜，那么贵人怎么可能有动力去帮你第二次呢？因此，懂得感恩、常常反馈，可以让你在很多事情上更加顺利。

3. 不断付出

遇见贵人后，你要多付出，主动成就别人。我会长期给我的人生贵人送礼物，比如，哪怕我已经毕业多年，逢年过节，我依旧会给我的导师送去问候和礼物。

和贵人的相处中，如果你总是索取，却从来不付出，别人就会讨厌你，甚至远离你。如果你的索取感过重，对贵人的帮助不知满足，恨不得把贵人的价值榨干，那么你就会慢慢进入对方的社交黑名单。

创业以后，我一直在践行一件事：不断给我的贵人提供帮助。我发现，持续做这件事，效果让人很惊艳。因为付出即收获，我付出得越多，肯帮我的人就越多。因此，你一定要改变心境，从索取者变成贡献者。坚持一段时间后，你的好运慢慢就会变多。

4. 常种善因

很多时候，贵人不是自己刻意找来的。他们的出现是我们早早种下了因，才会有的果。我们要有一种心态：不是你做了什么，马上就

活在你的优势上

能得到回报,而是你要长期在生活中广结善缘,慢慢地,你的生命中才会出现更多贵人。

有的人总在羡慕别人运气好、贵人多。实际上,人家运气好是因为他每一天都在做善事,不断播种善种,种了一百颗善种之后,有一颗发芽、开花结果了,那他的人生就出现了贵人。

正如吸引力法则所说:"有一种我们看不见的能量,一直引导着整个宇宙规律性地运转,这样一种能量引导着宇宙中的每一样事物,也引导着我们的生活,这种能量就是——吸引力。"

多用你的优势去帮助别人,不断向宇宙发射善念的种子,总有一天,你的贵人会在关键的时刻出现,给予你巨大的帮助。一切源于心、一切成于心,心善则万事可成。

破圈成长，活在你的优势上

我们常说的圈子，是随着个人能力和人际关系的确定慢慢形成的独立的社交环境。比如，我们常说的博主圈、作者圈、演艺圈等，都是不同的圈子。

按照交往密切程度来划分，跟我们密切交往的人一般是强联结关系；跟我们偶尔产生交集的人，往往是弱联结关系。如果你长期待在某个固定的圈子里，只跟圈子里的人交流，就容易产生圈层壁垒，消息就会闭塞。**破圈的本质，就是把弱联结变成强联结的一个过程。**

破圈的四个阶段

破圈时，我们会经过四个阶段的变化，即舒适区—焦虑区—成长区—蜕变区。不同的阶段心态有所不同。

在舒适区，你会怡然自得、游刃有余，所有的事物都在你的掌控范围之内。但随着你开始尝试破圈，你会觉得所有的事情都变得不受控制。你需要学习很多原本不会的技能，要跟不同圈子里的人社交，从而进入焦虑区。当你克服了焦虑，学会了更多的技能，事情一点点步入正轨时，就逐渐进入成长区。这个阶段，你就像一只蝴蝶幼虫，准备破茧成蝶，进入蜕变区。最后，在你不断打磨新的优势、长出新的翅膀、重新建立起新的舒适区后，你就彻底走出了蜕变区，成功破圈。

我第一次破圈成功，是从普通职场人变成小红书博主。我从一个什么都不懂的自媒体新手起步，一点点学习文案、拍摄、剪辑、运营，日复一日，我慢慢找到了自己的优势，变成一个拥有几十万个粉丝的自媒体博主，完成了身份的转变，月收入也因此翻了十几倍。

我现在的破圈动作是从一个自媒体博主变成图书作者。我从对出版行业一无所知到能够独自写框架、写文章、做推广，最终成功出版自己的第一本书。我相信，随着这本书的出版，我将会迎来我的第二次成功破圈，慢慢积累出我在图书出版行业的独特优势。

我一直坚信，破圈的过程固然痛苦，但破茧成蝶后，我收获的将是一片崭新的天空。

/ 第六章 /
经营优势，向上社交

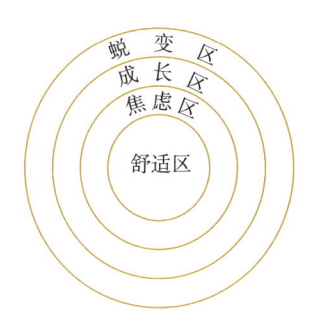

图 6-2 突破圈层的四个变化阶段

提炼稀缺优势，跨界破圈

想要提升品牌势能，还有一个方法可以帮你快速实现，这个方式就是跨界破圈。我有个学员，他本来是一名主持人。在主持人圈里，一个人的演讲能力和表达能力被默认为是每个人的基本功，这个技能并不能算他的突出优势，所以，他一直只能拿到一份微薄的工资。

我帮他重新梳理完定位后，开始让他尝试跨界破圈。结果，他的变现收入一个月内翻了三倍，个人品牌的知名度也越来越高。

那么，我具体是怎么做的呢？我让他提炼出自己的演讲能力优势，并将其发挥在教企业创始人做演讲这件事情上。要知道，创始人圈子里沉默寡言者居多，他们大部分不擅长做公开演讲，更擅长幕后布局。如果他能用专业的身份和能力帮助这些人更好地完成一场重要的演讲，那么这个时候他就具备了稀缺优势，就可以在创始人圈子里快速破圈。因此，提炼自己的稀缺优势，做跨领域竞争，你可以更快速地破圈。

破圈是扩圈，而不是弃圈

很多人对破圈存在一个误区，认为破圈就是摆脱原来的圈子。实际上，破圈是一个不断放大你的优势圈、不断迭代你的核心能力的过程。

努力破圈并不代表你要跳脱核心能力，不停地换赛道，而是一个以你的核心能力为圆心，不断扩大你的影响力半径的过程。

随着你的影响力半径不断扩大，你的优势会越来越明显。哪怕某个赛道突然没落了，你也可以凭借圈子价值快速转型，这样你的个人品牌才具有坚不可摧的优势壁垒。

如何发挥优势，一年顶十年

第一，把自己当回事儿

我不是一个狼性十足的人，而是一个希望让自己活得很好的人。有的人创业狼性十足，常挂在嘴边的话是"只要干不死，就往死里干。就算死，我也要死在公司"。我不反对狼性文化，但是，我认为要理性思考，如果人都没了，那拼命工作还有什么意义呢？

要记住，创业比的不是短期爆发力，而是长期影响力。**凡事不可用力过猛。流水不争先，争的是滔滔不绝。**

第六章
经营优势，向上社交

第二，培养付费意识

我有位朋友是直播方面的专家，她有一个万元级别的直播类知识付费产品。虽然这个产品的价格对当时初学直播的我而言并不便宜，但我还是果断付费了。我认为，不能仗着我们之间的交情一次次免费获得人家的知识，这是不道德的行为。尤其是在我投身创业圈后，我更加深刻地体会到付费意识的重要性。如果我不为别人的劳动成果付费，那么很多的优质资源和人脉资源就与我无关，别人没有理由为我提供更多机会。

我一直践行的是，在我能承受的价格范围内，尽可能投资我的头脑和人脉。我也坚定地认为，不付费就想获取别人的成果和资源，最终极有可能把自己活成一个笑话。任何一位专业人士都无比在乎自己的时间和精力，他们很难做到不计成本地免费帮助一个陌生人。

第三，保持渴望

一个人成长的速度取决于他对未来的渴望程度。如果他足够渴望成大事，他就一定会倒逼自己不断成长。我创业的这些年，见过一些厉害的人，见识过一些令我羡慕的人生可能性，也看到过社会真实的一面，所以我更加无法接受平庸的活法。保持对未来生活的渴望，是你能不断进步的内驱原动力。

第四，保护精力

对创业者来说，最宝贵的财富就是自己的精力。作为创业者，我们要尽可能地不受他人影响，不让无用的社交占用自己的时间。我们只有多花一些时间在自己身上,把自己管好、把工作做好,才能有更大的能量去影响更多的人。

第五,日拱一卒

很多人行走江湖,靠的就是日拱一卒这个撒手锏。从创业开始,我就要求自己每天必须在朋友圈发 3 条以上信息,不断提高写文案的能力。后来,我为了能更好地坚持,还建立了深度思考群,让朋友圈的人一起监督我,见证我的进步。

几年过去了,现在我不仅能写几百字的朋友圈文案,还可以写出几万字的图书。哪怕底子不如人,只要日拱一卒、每日精进,你也会脱颖而出。如果你也想打造自己的影响力,就要时刻打磨自己的撒手锏,不用管结果如何。只要埋头深耕,好的结果自然会随着时间而显现。

未来的机会,藏在你的优势里

未来的世界,人们更看中一个人的长板。我们需要不断扩大自己的优势,而非弥补自己的劣势。很多时候,你的优势决定了你的上限。活在自己的优势上,不仅能让你活得更加轻松,也能让你发现更多的可能性。

随着个体的崛起,每个人都能成为独特的个人品牌。人与人之间的协作会越来越紧密,合作共赢将变成一种常态。**活在自己的优势上,为别人提供价值,弥补别人的短板,这才是未来我们应该走的路。**

因此，想要尽早获得成功，你就要充分挖掘自己的优势、培养自己的优势、磨炼自己的优势。关于如何活在自己的优势上，我想给大家六点建议，作为本书的结语。

1. 要当"偏科生"

我不止一次地说，差异化是一个人最大的竞争力。能把自身的一个优势发挥到极致，你就能成为稀缺资源。因此，你可以尝试做一个"偏科生"，而非全才，这样将有希望获得更大的机遇和更多的可能性。

2. 所有的巧合都隐藏着自己的优势

这个世界上根本没有完全的巧合，每个巧合背后，都藏着你的潜在优势的影子。遇到所谓的巧合时，你要多思考一步，也许就能发现自己的优势所在，比别人离成功更进一步。

3. 人生中最幸福的事，就是找到自己热爱和擅长的事

这个世界上，大部分人在为了满足别人的需求而做着自己不喜欢的事。当你开始认识真正的自己，找到自己热爱和擅长的事时，你就会发现，你的人生才刚刚开始，你的未来还蕴藏着无限的机会。活在你的优势上，是一件既舒心又幸福的事。

4. 年轻人最大的优势，就是有充分的时间去试错

对年轻人来说，唯一的成本就是时间成本。年轻人也许经验不够，也许会犯很多的错误，但是，只有当你尝试和这个世界多打交道时，你才能积累足够的阅历，从中发现自己的优势。对年轻人来说，每一次试错，都是发现自己优势的机会。错了不怕，大不了从头再来，最怕的就是你不敢试错，结果试错成本越来越高。这样下去，也许终其一生，你都发现不了自己的优势。

5. 勤能补拙，笨鸟先飞

曾国藩说过："天下之至拙，能胜天下之至巧。"也就是说，勤能补拙。也许一个人的反应稍显迟钝、理解能力不足，但只要他经历了足够多的时间和磨炼，他就一定能找到自己的优势。不要因为觉得自己很拙、很笨，就轻易放弃自己。你的优势很可能会在探索中慢慢被发现。

6. 优势就是你人生的加速器

跃迁的人生都是因为找到了自身优势才迎来了转折点。大多数人的人生路径是一条平缓上升的直线，但是，当你找到那个优势点后，这条平缓上升的直线就像被施了魔法一样，瞬间拥有了加速度。人的成长不是匀速的，它会在某个关键点迎来爆发式加速。

请相信，未来的机会，藏在你的优势里。只要找到自己人生的支点，你就能撬动无限的可能。

附录一　高价值定位

为什么说，今天的小红书依旧遍地黄金

"你在小红书赚了这么多钱，那我也可以吗？"

"现在从零开始做小红书，我还有机会吗？"

这是我被问得最多的问题。如果你也有类似困扰，可以花 30 秒钟的时间，做一做下面这个测试（每符合一条，加 1 分）：

1. 你的客群主要是女性，尤其是一线、二线城市的女性；

2. 你不想辞职做专职博主，想先把它当作副业赚外快；

3. 你不想做直播太拼，也不想投流砸太多钱；

4. 你有可变现的产品，迫切想打通线上流量渠道；

5. 你缺乏短视频经验，但是依旧想做个人品牌。

做完以上测试，如果得分超过 2，你可以考虑一下要不要开始做小红书；如果得分超过 3，那你一定要快点行动起来，小红书可能是

现阶段唯一适合你的平台。我之所以这样说，是因为小红书有得天独厚的三大优势。

第一大优势，小红书是高净值人群的聚集地

在小红书的1亿日活跃用户数、2亿月活跃用户数中，女性用户占比70%，一线、二线城市用户占比50%。"年轻、精致、消费能力强"是这些群体的共同标签，这和美妆、潮牌、服饰、箱包、珠宝、奢侈品、教育等行业的用户画像完美契合。

前几年，新消费①大火，圈内有一套公认的品牌打造公式：5000篇小红书笔记+1000篇知乎问答+大主播带货=一个新品牌。小红书平台对打造品牌的价值不言而喻。

我身边有很多创业者朋友，在其他平台辛辛苦苦积累了7万~8万的粉丝量，但其中80%都是低价值粉丝，变现效率很低。但在小红书上，他们仅仅连续发布了几篇高质量笔记，就有精准的客户不断主动找上门，达成了不少合作。

第二大优势，"睡后流量"②远超想象

抖音、快手的头部效应明显，大部分的流量和收入被头部的博主瓜分了。新人要么全身心投入其中，要么重资入局，否则机会实在是渺茫。但是，小红书对低粉达人极其友好，每个新人几乎都有机会被看到。此外，小红书已成为年轻人的必备搜索工具。就像我，当

---

① 新消费：是指由数字技术等新技术、线上线下融合等新商业模式，以及基于社交网络和新媒介的新消费关系所驱动的新消费行为。

② 睡后流量：是指即使短期内品牌方不进行付费推广，用户也会因为品牌已沉淀的内容而源源不断地找到品牌。就像是哪怕你在睡觉，你的品牌影响力也在持续发挥作用。

我和朋友计划聚会，考虑吃什么的时候，第一个打开的应用就是小红书。

这就意味着只要你做出一个爆款选题后，你就可以获得源源不断的被动搜索流量。直白点说，哪怕你暂时停更你的小红书，你也可以像赚利息一样，不断涨粉。我曾经有一个月都没有更新我的小红书，但是，我的账号在 7 天的时间里还增长了 3500 个粉丝。这些都是"睡后流量"。

第三大优势，商业化板块未被完全开发

小红书的广告体系已经很完善了，但是，目前三个电商板块——商城、直播和深度服务正在逐步完善。也就是说，很多在其他平台被验证过，但在小红书还没被彻底开发的模式，你都可以再做一次。

做小红书，新人会掉入的三个陷阱

入局小红书依旧有很大的商机和红利，但 95% 的新人非但抓不住机会，还可能会接连掉入三个陷阱。

起号陷阱

很多人花了两三天的时间制作了一条小红书内容，但只花一分钟随便起个标题就发布了。结果，点赞量仅有个位数。起号慢的人，其实是还不懂平台流量逻辑的人。想利用小红书赚钱，你必须知道小红书平台的流量逻辑是：双瀑布信息流 + 用户主动点击。小红书和抖音那种用算法"投喂"内容给用户的逻辑是完全不同的。

例如，《日常回家 vlog（视频日志），做番茄味荷包蛋焖面》《10部好莱坞爱情电影推荐！》这样的标题，你想点开吗？是不是觉得寡淡无味？

我们可以按照新媒体的逻辑对其进行改动：《7分钟搞定！番茄荷包蛋焖面教程！好吃到舔锅！》《尖叫绝绝子！看完这10部好莱坞爱情电影，我一周追到了男神！》对比来看，这样的标题是不是就有趣多了？同时，你再配一个吸睛的封面，就会让人忍不住想点开看看。好标题和好封面的背后是强烈情绪带来的刺激和好奇，让人蠢蠢欲动，迫不及待想点开。

举个例子，我的一位专注穿搭领域的学员——转转王，她的作品能从个位数的点赞量达到几千个点赞量，就是因为她优化了作品的标题和封面。我还记得她找到我，第一句话就是："小红书太难做了，我发的视频内容怎么都没有播放量呀？璐璐老师我该怎么办？"我点进她的主页看了一眼，立马就看出问题所在，对她说："你的内容是很好，但如果你想让更多的人点开你的作品，标题和封面要按照我教的方法来。"

于是，她把标题增加了具象化的数字描述，封面增加了视觉对比。7天后，她新发布的作品就获得了5000以上的点赞量。"标题+封面"是小红书涨粉的第一关。掌握这一点，你的作品获得几百、几千的曝光量就不再是梦想。类似的奇迹还有很多，两年来，我总结的万能标题公式，已成功帮助学员做出累计10亿以上的浏览量。

变现陷阱

我见过很多博主，坐拥几十万、几百万的粉丝，月收入却只有几千元，核心原因是商业模式单一。纯靠体力赚钱是无法加快自己的赚钱速度的。要想赚钱，首先你得先站在广告主、用户的角度思考，而不是只从自身角度出发。比如，早期的我做的是口播类的学习干货分享视频，因为缺少广告位，一个月也接不到几个广告。在摸索一段时间后，我丰富了视频拍摄的画面，融入了更多的生活场景，增加了广告植入的空间。内容调整后，我接到的广告量瞬间翻了5倍，月收入从几千元达到了最高时的7万元，实现了商业模式的第一次升级。

当然，这只是最初级的广告变现商业模式，主要是依靠出卖自己的时间赚钱，你相当于是品牌方的高级打工人，还无法与粉丝建立长久的联系。因此，很快我也陷入了营收增长的瓶颈，当进入推广淡季或者我的作品数据下滑时，我的收入就会断崖式下跌。为了能够长期稳定地提高收益，我决定把用户沉淀到私域，深耕私域，搭建自己的用户池。于是，我开始寻找擅长私域运营的营销达人，准备向他们取经，系统性地优化自己的商业模式。

偶然间，我看到了一篇来自肖厂长的刷屏爆文。7年时间，他从300个微信好友做到了3000万个粉丝的私域资产，公司的年收入达到数亿元。我被他的经历打动，果断付费加入了他的私董会。

他告诉我说："如果你还是靠一条条视频赚钱，和上班又有什么区别？"是啊，如果只想多赚2~3倍的钱，我可以狠狠心，压榨自己的时间。但是，如果我想多赚10倍的钱，必须借助某个支点（影响力、时间、团队、资金等），去撬动更大的可能性。

后来，我开始把自己的爆款经验复制给了细分领域的老板、知识达人、创始人。通过新的商业模式，我自己做小红书达到了月入30万元，而且学员好评满满，实现了商业模式的第二次升级。这就是商业认知的成长对一个人的改变。

数据陷阱

这一条，专门写给想在小红书做生意的老板。举个例子，一位母婴辅食品牌创始人，为了在小红书推销产品，花了100多万元找代运营团队，雇专业的模特和摄影师，拍摄高级的宣传照片，粉丝点赞量看起来非常不错。但推销出去的产品量极其惨淡，最后只卖了几万元。

之所以他花的钱打了水漂儿，是因为很多喊着"包涨粉、包浏览、包点赞"的代运营团队，为了完成客户目标，大部分都会偷懒刷数据。如果不是自媒体内行人员，雇主们是无法分辨数据真假的，即使流量被造假，他们也毫不知情。诸如此类的陷阱还有很多，如果你不在创作者的核心圈层内，不了解行业的第一手信息，盲目试错，就会掉入信息茧房，最后变成冤大头。

注意，经商是一场开卷考试。如果你想利用小红书实现长期稳定变现，那么对你的商业模式来说，拥有一个可以打破信息差、认知差、资源差、人脉差，整合各种关于小红书资源的核心圈层，是至关重要的。

附录二　思维定胜负

培养吸金体质的六种思维

曾经我也和很多人一样,傻傻地以为想要赚钱就要找到一份好工作,完全不懂得赚钱的方法。所以,毕业后两年,我一直只有几千元的月薪。后来,我开始了自媒体创业,见证了越来越多的普通人因为思维上的提升而收获了财富。

在此,我想为大家分享自己亲身实践过,并且让我收入翻了五倍的六种思维方式。如果你能做到一半以上,证明你是有吸金体质的。

时间复利思维

人的精力非常有限,尤其是 30 岁以后,你更应该关注自己的时间利用效率,你怎样"售卖"时间就代表你拥有怎样的赚钱效率。时间的"售卖方式"分为以下两种：

第一种，一份时间售卖一次。比如，上班、做单次咨询，都是把一份时间卖给一个对象，你的赚钱效率自然会比较低。

第二种，一份时间多次出售。比如，写书、做线上课程，我只需要投入一次创作时间，就可以享受持续复利。相当于，我把一份时间同时出售给多个人，赚钱的效率自然就会提升。

这两种时间的"售卖方式"区别就在于，时间的重复利用度。时间重复利用度越高，赚钱的效率就越高。

我具体是怎么做的呢？比如，我今天写的文案，既可以用作短视频拍摄，也可以在微信公众号以文章的形式发布，还可以写进我的书里，当然，也可以放进我的自媒体创业课程里面。这个时候，我的时间重复利用了4次，赚钱的效率自然就提升了4倍。

同样的，你的时间是不是也可以重复利用呢？比如，你是一家蛋糕店的老板，是不是可以把做蛋糕的过程拍成视频日志放在网上，一边做自媒体赚钱，一边卖蛋糕赚钱呢？

利他思维

赚钱的本质就是一场利他交换。初级的交换是体力和时间，中级的交换是脑力和技能，高级的交换是资源和人脉。

很多人一直有个误区，认为赚钱就是追着钱跑，但其实赚钱不是目的，只是结果。我们赚的钱实际上是利他交换以后的附属产品。大家千万不要本末倒置。就像我们身边的很多大企业，创办初期也不是奔着赚钱去的，而是想要解决一个社会问题。比如，早期马云创立阿里巴巴的初衷是：让天下没有难做的生意。因为马云给个体创业者提供了一个可以低成本开店的渠道，解决了大家获客难的问题，所以他才有了现在的商业帝国。

所以，不要只是想着怎么去赚钱，钱不会流向只想赚钱的人手里，而是会流向那些创造了最多价值的人手里。变现的逻辑就是为他人创造价值。任何人想要赚钱，都要想清楚自己能为哪些人解决什么问题、提供什么价值，想明白这些问题以后，就不是你追着钱跑，而是钱追着你跑。

向上社交思维

向上社交不是让我们阿谀奉承，它的目的在于让我们少走弯路。一个非常重要的共识是，**优秀的人之所以优秀，是因为他们在某个方面有异于常人的经验和认知。**

向上社交不是狭义地说，我要和谁成为朋友，让他帮自己一把，而是应该把重点放在他为什么能在这个领域赚到钱上，以及他的行业信息、商业思维、处事方式是什么样的。

如果你想在任何一个领域赚到钱，那么你直接向有所成就的人学习会比自己摸索快一百倍，而知识付费就是联结到专业人士的最快速方式。

学习迭代思维

你永远赚不到你认知以外的任何一分钱,就算赚到了你也会凭实力还回去。所以,一个人在放弃学习的那一刻,就是彻底和社会脱节的那一刻。学习这件事,不是随着你从学校毕业而终止的,而是贯穿一生的。你要多看新闻联播、行业财报,关注风口,从源头去捕捉准确的消息,而不是只看经过互联网加工的二手信息。

多渠道收入思维

你要找到自己非常热爱并且想尝试的事情,并先将其发展成一份副业。人生一定要有备选方案,当你的主业遇到危机的时候,副业可以帮你渡过难关。

沟通思维

赚到钱的人都有一个共同点,沟通表达能力非常好,其中包括商业谈判、公众演讲等,这些都属于沟通的范畴。能赚到钱的人,他们知道如何让别人注意到自己,如何发挥自身影响力去说服别人采取行动。如果没有沟通思维,那么你会错失很多重要的机会。

我之所以会建议大家尝试做自媒体,是因为打造自媒体可以强迫你去锻炼自己的沟通能力，好的沟通能力就是你的财富筹码，可以帮你提高获得更大机会的胜算。

这六种赚钱思维，如果你具备了一半以上，将有可能快速赚到自己的第一桶金。如果你还没有完全达到，那么一定要重新调整自己的思维模式，不要再去到处打听有没有可以赚钱的项目。因为，你缺的不是项目，而是赚钱的思维和底层逻辑。

附录三　学员案例

减脂赛道——采优

账号：采优

坐标：广东广州

赛道：减脂

采优是深度减脂学苑创始人，也是我的团队首个操盘项目——"深度减脂俱乐部"主理人。她在减脂行业深耕三年，带领上千名女性成功瘦身，变现成绩突破200万元。但是，受困于商业模式，她一直没办法进行产品体系升级，也没办法突破营收上的瓶颈。

她一直辛勤地走在创业道路上，每天的时间都排得非常满。持续三年后，她发现自己的时间基本被日常琐事占用，没有时间思考吸引新的粉丝和流量的方法，也没有时间去思考如何取得新的业务突破，事业慢慢走进了死胡同。

直到有一次，她看了我的一场直播——"如何搭建高客单产品，突破营收卡点？"后，才猛然意识到，她想以现在的模式突破月入六位数的困局，真的太难了。因为一个人的精力和服务能力是有上限的。

后来，她果断付费向我的团队学习，经过学习和梳理以后，她搭建起了相对成熟的商业体系，运营模式从带别人减肥向教别人减肥转变。一个月的时间里，她实现了收入突破10万元。她从打造人设定位到搭建产品体系，再到私域营销，个人能力有了质的提升，她也发现了自己真正的优势所在。

当然，我们的缘分并不止于此。今年年初，我正式招募项目轻合伙人，负责我们团队全程陪跑轻合伙人的项目策划、项目统筹和项目发售等。采优得到消息之后，立刻自告奋勇地申请做我们的项目轻合伙人。经过了3轮考核会议，她最终成为我们团队的首个项目轻合伙人。

2023年4月，璐璐团队与采优合作的"深度减脂俱乐部"项目正式上线。仅三天时间，就创造了近40万元的GMV，俱乐部人数突破50人。

这次发售活动，给采优的事业发展和个人成长带来了两个明显的变化。首先，是私域流量的增加。这次产品发布，我们采用了裂变式发售，三天的时间里，她的私域精准粉丝上涨了1000人以上，相当于在她原有的基础上直接增长了25%。其次，是发售经验的积累。为了这场发售，我们筹备了一个月之久，我带着采优系统地走完了整个发售流程，使她的直播能力、销售演讲能力、社群运营能力都得到了飞速提升。

有流量加上会发售，让采优的变现效率呈指数级增长。在完成个人品牌升级的过程中，她不仅跳出了之前的商业模式陷阱，还找到了属于自己的优势。她像是开了加速器一样，做到了事半功倍。

采优说，作为一个私域流量只有几千个好友的小众个人品牌，她能完成这场商品交易总额达到近40万元的发售活动，背后的秘诀只有一个，就是在对的时间选择靠谱的操盘团队，利用团队的力量找到并放大自身优势。

当感觉到自己的事业走进死胡同时，她没有坐以待毙，而是敢于打破固有模式的束缚，立马付诸行动，寻找破圈的机会。

相信大家通过采优的故事都能看到，学会顺风而行、把握优势的力量，对一个人是多么重要。想要发掘优势、不断成长，你就一定要靠近对的老师，选择好的团队，不拒绝任何学习和进步的机会。坚持慎独、自省，以严谨的态度审视自己的事业。

英语启蒙赛道——Echo

账号：Echo
坐标：广东广州
赛道：英语启蒙

Echo 是做英语启蒙赛道的博主，她负责的项目，线上、线下课程加在一起单月营收最高能到 200 万元以上。那时，他们在获得第一批种子用户后，主要依靠口碑营销、学员推荐来招生，大部分的时间花在了做好产品和服务上，从来没有想过打造好流量和销售转化环节。

好景不长，在市场发生巨大的变化后，由于团队招生渠道有限，不懂宣传，更不懂如何设计产品体系，她的招生量跌到了三年以来的谷底，这让 Echo 产生了危机感。在这个迷茫期，她到处寻找能帮助她做起线上流量的老师。偶然一次，她看到了我的直播间，听我讲完小红书的线上变现逻辑以后，她瞬间眼前一亮，立马报名了我的私教陪跑服务。

我带着我的团队立马给 Echo 进行了深度的商业诊断，仔细剖析了她原本的业务模型。经过我们的调整，她的产品体系有了明确的递进关系，用户转化路径更加明确。我对她说，你们公司的业务，就像制造飞机的零部件，虽然什么都有，但组合起来却没能有效发挥作用，甚至还起了反作用。现在，因为你找准了定位，能够发挥自身优势，所以你很轻松地打开了新世界的大门。

Echo 深表认同，她也意识到，她原本的专业技能是不错的，只是因为缺乏商业知识，没能把产品体系、价格体系梳理到位，导致自己的优势一直没有发挥出来。

商业模式经过系统的调整后，她的课程招生量开始逐步攀升，课程续费率更是达到了她的团队从未有过的 70% 以上，产品体系逐渐完善、用户的生命周期不断延长。回顾 Echo 的这段商业模式探索旅程，我觉得她主要做对了以下几点。

第一，用产品留住忠实的种子用户

Echo 的团队前期舍得花时间和成本去打磨产品，吸引并留住了一批很忠实的种子用户，这是她的产品成交量后期能够爆发式增长的基础。

第二，深度学习，弥补短板

Echo 发现自己在做流量和转化方面有短板之后，果断付费找有经验的老师深度学习。只有跟着靠谱的老师，踏实行动，她才能逐步有好的改变。

第三，100% 地落地执行

老师给出的建议，她会不打折扣地执行。当计划一步步落地，心中的梦想逐步变成现实时，人们内心的安定感和笃定感就会越来越强，对自身优势的理解也会越来越深刻。

Echo 是一个在创业路上经历过跌宕起伏的人，她有危机感、有开拓性、愿意主动去学习。她常说，老师的作用是引领、是点亮，是以一灯传诸灯，直至灯火通明。即便在深夜和凌晨，她依然能感受到老师的陪伴。

从 Echo 的身上，我感受到了满满的正能量，她仿佛每天都在被正能量的磁场滋养。看到她能过上喜悦富足的人生，我很为她开心。如果你也想体验这种神奇的感觉，那你就要拼尽全力去发现自己的优势、发挥自己的优势。

天赋教育赛道——陈蕾天赋姐姐

账号：陈蕾天赋姐姐

坐标：上海

赛道：天赋教育

2018年，陈蕾开始第一次创业，猛砸30万元做进口商贸，却因为没能看到自己的优势，也不具备相关的创业能力，所以导致她在三年半的时间里，就把30万元赔个精光。最惨的时候，她的月收入甚至只有1000元，只能艰难度日。低谷期时，她一度陷入迷茫焦虑的内耗情绪中，不仅无法发挥自身优势，甚至还一度认为自己哪儿哪儿都不行。

后来，她开始做天赋教育赛道，这个赛道虽然非常小众，却很能帮助别人。她的用户画像主要是一线、二线城市，渴望成长且有一定付费实力的女性群体，这部分客户跟小红书平台的用户画像不谋而合。她很想通过小红书打开市场，扩大个人品牌影响力，但是一直苦于没有门路，找不到平台的内容方向。

2023年3月，陈蕾团队的一个创始人介绍我们认识。当时，她已经比对了不下5家针对小红书运营的培训公司。她的这种谨慎，我非常理解。毕竟现在知识付费行业鱼龙混杂，选对老师的重要性不言而喻。

梳理了她所在赛道的情况和她的优势之后，我发现天赋赛道属于新概念类，偏向身心灵心理学，在小红书很有前景。结合她的商业模式和现状，我给她的建议是，要在自媒体领域全网沉淀，用"姓名+天赋姐姐"去锁定个人品牌。同时，我和她分享了很多优秀伙伴的案例。

我们只沟通了15分钟，她就支付了四位数的学费，参加了我的小红书训练营。后来，她又继续付费五位数，成了我红人馆的私董。一次线下闭门会，我们的座位挨在一起。闲聊中我问她，为什么那么坚定地选择我，一次又一次地给我付费？

她说："我对自己头脑的投资，目前已经超过50万元，一个老师好不好，我很快就能识别出来。我很喜欢你的使命必达、终身成长、目标导向、说干就干的思维方式。你上课的风格风趣幽默，我感觉我们非常同频，在创业的路上，遇到这样一个老师，真是非常难得。"

陈蕾在找到自己的优势后，她仿佛打通了任督二脉。她根据我的"2+1+3选题库思维"给自己安排了很多直播内容。结合天赋体验板块和情绪内耗板块,她在很短的时间内就达到了十多万元的营收。

她的目标是做天赋赛道的头部博主,如今,她离自己的目标越来越近了。她对我说,作为一个从创业失败中重整旗鼓,并找到自己人生天赋的普通女生,她很想和大家分享几点建议。

第一,在做一件事情前,你首先要对自己的优势有清晰的认知

当你知道自己擅长什么时,你就相当于撬动了一个杠杆。只有有了这个基础,你做一件事情才会游刃有余。

第二,知道了自己的优势以后,也要结合自己的热爱去规划

只有你真正喜欢的东西,你才能够坚持。热爱永远都是原动力。

第三,以目标为导向去定向学习,不断精进

例如,你很喜欢自媒体,但是,如果你没给自己定下一个拥有10万粉丝量的目标的话,你就不会想要找专业的老师去学习成长。这样的话,你就可能还在原地打转、迷茫纠结。

希望陈蕾的成长故事能帮到当下迷茫的你,也很希望每个人都能活出自己的优势、活出更高"版本"的自己。

美学赛道——大双老师

账号：大双说 | 美学 IP 打造

坐标：山东东营

赛道：朋友圈美学 IP 打造

大双出生于 1986 年，是一名拥有两个孩子的普通妈妈。她的小红书粉丝量不是很高，但她的账号变现能力很强，是典型的低粉高变现账号。她的一条笔记图文，能够有 25 万的曝光量，并引流到私域 800 人。通过美学设计教学，她的月收入从 4000 元达到了 2 万多元。

之前，她做传统的线下生意，童装、外贸服饰、护肤品等各个赛道她都涉及过。传统线下生意经营了四年多，不仅没有赚到钱，她的囤货金额却高达 8 万多元。后来，为了提升业绩，她在商场内开设了护肤品专柜。但是，专柜刚装修完，市场环境就逐渐萧条，护肤品生意让她负债 20 万元以上。她从早到晚地在线接待客户，满大街去地推，却一直缺少客户，就算她一天到晚连轴转，也不过日入几百元。

一次偶然的机会，她在小红书上看到了我的账号，二话不说就报名了我的课程，开始深度系统地学习小红书私域引流和朋友圈私域布局等线上变现的必备知识。在学习之前，她的客单价只有 39.9 元，收入也只能勉强达到月入几千元。我根据小流量做高客单、做深度服务的思路，逐步帮助她开发出了自己的小红书美学引流课、朋友圈美学品牌打造课等。让她从 39.9 元的低客单模式，逐步过渡到 5980 元的高客单模式。两个月后，她的营业收入突破了 4 万元以上，这对于原来只有几千元月收入的她来说，绝对是爆发式突破。

要知道，对于一个在小城市生活、没有学历，还要带孩子的妈妈来说，能达到月入几万元，这是令多少人羡慕的啊！她在找到自己的优势、确定自己的赛道后，不仅生活水平得到了很大提升，她的个人能量状态也在层层上升。她自己也深刻感受到了圈层跃迁的喜悦。

回想起我最初认识大双的时候，真的是一个巧合。有一次，她进入我的直播间，让我帮她诊断账号。我看完她的账号后告诉她："你这个号可以做知识付费，通过图文矩阵号的形式将用户引流到私域后，你再卖课。"那时，她从来没想过自己能做知识付费老师，也不知道可以把自己的小红书账号打造成图文矩阵号。当时，她听完我的建议后是惊讶的、欣喜的,她的眼睛里放着光,似乎发现了新大陆一般。后来,大双私下和我说:"感谢璐璐老师,你带我走进了新世界,我从来没敢想过,自己能从普通卖货的宝妈转型为受小红书粉丝尊敬的美学设计老师。"

从她身上,我看到了普通人逆袭的影子。我觉得,能活在自己的优势上,她其实做对了以下几点。

第一,想要改变,永远都不晚

从年龄上看,她其实没有什么优势。35岁,她才走出固有思维,开始学用手机设计美图、开始学做自媒体。直到37岁,她才开始做出成绩。但是,一个人只要愿意尝试改变,那就永远都不晚。

第二,敢于付费,向上破圈

思维决定行动,行动决定结果。人永远赚不到自己认知以外的钱。当她身边的宝妈还在为了买菜能省下几元钱而精打细算时,她已经通过付费学习,打开了认知、实现了破圈,达到月入几万元了。她靠自己的知识,改变了家人的生活水平,甚至提升了孩子的认知和见识。

第三,跟着取得成果的人,"听话照做"

绝大部分人对别人是"先看见再相信",这是人的正常心理。但是,她却是少有的"先相信后看见"。我让她怎么做,她从来不怀疑,而是选择坚定地相信,并且付出100%的努力去执行,最后,她果然如愿以偿,取得了优异的成果。

通过大双的故事,我想告诉大家:**永远不要被年龄、出身、学历**

等外在条件限制住自己的视野，人生随时有机会重启。 只要找到自己的天赋，围绕定位日拱一卒，不断挖掘优势并把自己的优势发挥到极致，你就有可能过上自己的理想生活。

销售管理培训赛道——贝琳达

账号：销售逻辑–贝琳达

坐标：广东深圳

赛道：销售管理咨询及销售培训

贝琳达的矩阵号在小红书上拥有 30 万个粉丝，全网粉丝 40 万个。她现在也是我的红人馆私董会成员。

原来的她，在一家公司带商务团队，一年可以为公司创造几千万元的业绩。后来，她决定自己创业，可是一直没有找准自己的发力点，她想通过互联网进行转型但是没想好如何下手。

有一次，我们一起参加一个线下活动，我告诉她，我很看好小红书这个平台，建议她也做起来。可是，她不知道要讲什么内容才能吸引用户，也一直不太敢下手。我几乎不假思索地脱口而出："你做销售那么厉害，就讲销售的底层逻辑啊！你在销售方面这么专业、功底这么深，优势多大啊，一定能做起来。"

她可能是感受到了我笃定的信任和鼓励，马上就开始行动了。她持续创作优质的短视频内容发布在小红书上，积累到粉丝后，就将粉丝引流到她的微信私域，再通过微信朋友圈经营自己的人设，与粉丝们建立起更深层次的信任关系。最终，她通过自己原创的线上课《贝琳达销售逻辑课》实现变现。截至目前，销售课程已经给她带来了200万元左右的收入。

此外，发布短视频让她获得了很大的曝光量，也吸引了很多公司的老板和高管主动向她咨询企业内训合作。她通过给各家公司提供销售管理咨询和内训服务，能够达成十几万元，甚至几十万元的合作费用。

现在的她，每天的工作日程都很满，日子过得很充实。她很喜欢自己当前的状态，时间自由、精神自由，每天做着自己喜欢并擅长的事情，就把钱赚到了。

很多人会说她很幸运，年纪轻轻就找到了自己的优势定位。但在我看来，很多的运气其实都是努力后的必然结果。

她最初做销售的时候，也是什么都不会，只是偶然间接触了这个岗位，就想着如何把这件事做好。她日复一日地打电话拓展客户，每天至少要打100个；她每天都坚持学习，有时候是通过书籍学习，有时候是向领导请教，还有时候是看短视频学习。她通过持续地学习和实践，并不断优化自己的学习方法，最终才越来越厉害。

所以，一个人的优势未必是天生的，也有可能是后天刻意练习的结果。千万不要因自己天生不够聪明而沮丧，也不要因自己没有天赋而懊恼，只要找到自己热爱的事情，并且不断地刻意练习，你也可以打磨出自己的看家本领。希望你们都能像贝琳达一样，找到自己热爱的事情，并且活在自己的优势上。

女性成长赛道——清华姐姐

账号：清华姐姐

坐标：武汉

赛道：女性成长

清华姐姐的小红书有 4 万以上的粉丝量，她也是我的红人馆私董会成员。之前，清华姐姐从事少儿教育工作，生活过得也算稳定。闲暇之余，她还兼职做武汉各种商业活动的主持人。然而，受到市场环境的影响，许多线下少儿活动不得不停摆。最困难的时候，她甚至几个月都没有收入。无奈之下，她把目光转向小红书这个平台。

在和清华姐姐交流的过程中，我发现她的文字功底非常好。于是，我鼓励她多在小红书上更新自己的三观认知。果然，在她连续发布一些个人成长的口播视频后，内容迅速获得了几千个点赞量。随后，我又鼓励她开发自己的文案课。最终，清华姐姐不仅做起了一个爆款小红书账号，还借助知识付费完成了从博主到个人品牌的转型。

在发掘优势这件事情上，清华姐姐主要做对了以下几点。

第一，懂得联结贵人

从大学开始，清华姐姐就有特别强烈的付费意识，直到今天，她仍然保持着深度学习的习惯，只要看到比自己优秀的人，她都会想办法靠近。有时候，我们受困于自身目光的局限性，没办法发掘出自己的优势，但是，贵人可以快速识别你的优势，并且帮助你放大你的优势。

第二，听话照做

以前，清华姐姐是一个特别犟的人，只活在自己的世界里，别人跟她说的话，她基本听不进去。直到有一天，她突然发现，其实很多时候已经有贵人在帮助自己指路了，只是她不愿意看见，所以错失了很多机会。她告诉我，听话照做有时候也是一种大智慧。

第三，永远要有正向信念

清华姐姐是一个充满正能量的人，对任何事都持有正向信念。她很喜欢一句话：有钱人专注于机会，穷人专注于障碍。这里谈的，是一个人习惯性看待世界的角度。不管做任何事情，我们都要有正向信念。当你整个人散发出积极、正能量的气场时，你的生命中就会出现越来越多的贵人。

通过清华姐姐的故事，我想让大家知道，真正聪明的人是懂得向别人求助的。如果你没办法找到自己的优势，那你就去寻求更高段位的老师去帮助你，这样才能让自己实现弯道超车、事半功倍。

知识付费赛道——小葵

账号：小葵教 PPT

坐标：云南

赛道：知识付费

小葵在幻灯片领域深耕多年，主要做幻灯片教学相关的知识付费课程。她加入我的红人馆私董会后，已经累计变现近 30 万元。

没做小红书之前，她一直通过接单设计幻灯片来变现，客源基本是靠以前积累的老客户和朋友介绍，资源有限、收益有限。后来，她决定转战小红书平台，用线上自媒体的力量扩大自己的影响力。

可惜的是，最初，她对小红书平台的规则了解不深、引流方式不当，导致账号被封禁，流量一下子就没有了，收益也开始锐减。她尝试了很多方法去挽救老账号，但都没有任何起色，重新创建的账号也一直没有达到预期效果。那个阶段，她整个人的状态很差，意志消沉、迷惘无助，完全没有心思做事。

小葵在摸索和尝试了三个多月后，意识到她还是需要专业人士的帮助。于是，她开始在小红书上寻找专业的自媒体老师。后来，她遇到了我。

我重新帮她梳理了账号的内容形式，调整了选题、标题、封面。最终，她的小红书账号实现了一个月涨粉7000人以上，幻灯片课程也越卖越火爆。仅靠知识付费，她就实现了月入10万元以上。

小葵能做出这样的成绩，其实是因为做对了下面几件事。

第一，死磕课程

小葵听课的过程中，一遍听不懂，就一定会多听几遍，直到彻底消化吸收学习的内容，她才开始重做小红书账号。这让她对整个起号流程有了更深刻的了解和认知，在实操的过程中，能避过不少陷阱。

第二，结合优势做账号

小葵擅长拍摄，对剪辑也有一定的经验，于是，她选择了视频日志类型的账号。结合自己的优势去输出作品，不仅更容易做出爆款，而且也更容易长久地坚持下去。

第三，尊重内容创作

小葵对内容的要求很高，每次做好视频后，她都要不断优化自己的笔记。从视频剪辑技巧到视频内容，每一个小细节她都会不断优化。有的时候，一个视频她甚至要改四五遍才会发到小红书上。这种对内容精益求精的态度，让她总能做出爆款视频，吸引到越来越多的用户。

从小葵的经历中我们看到，**想要活在自己的优势上，背后你一定要付出常人看不到的努力**。只有不断地以高标准要求自己，不断地投资付费学习，你才能始终处于优势地位。

留学赛道——铁锤老师

账号：铁锤老师

坐标：北京

赛道：留学

铁锤老师目前在做留学赛道，小红书有 11.7 万的粉丝量，年收入能达到七位数。之前，她一直是传统意义上的学霸，盲目跟着大众的评价体系，在学业上不断攀升，却并没有真正思考过自己最大的优势是什么。

有一次，她看到了我的微信公众号文章《北漂女孩北京安家记》，同为北漂女孩儿，我俩一见如故，她也毫不犹豫地加入了我的红人馆私董会，成了我的学员。随后，她开始向我请教做小红书的心得，我在发挥个人优势、个人品牌形象打造等方面都给了她实操建议。通过调整，她的个人品牌影响力有了很大的提升。

我问她，作为一个学霸，你是怎样看待优势的？她给我的答案是：

首先，多见世面。**人不会去幻想自己生命里不存在的东西，所以多去看世界，去看各种优秀的人在做什么，总有人在过着你想过的生活。**见过之后，即使还是回到家乡，你也会有不一样的思维方式。因为，你内心知道自己想要过怎样的生活。

其次，找到细分竞争区域。内卷不是真的因为竞争白热化，而是由于大多数人只会跟风，不懂得发挥自身优势。当你能找到大众需求高、市场供应少的赛道时，你就会发现，哪怕是大机构，也无法和细分垂直领域的你竞争。竞争从来都只是手段、不是目的。真正值得你学习的不是那些热衷于竞争的人，而是那些一开始就找到了独特赛道的高手。

最后，打磨核心产品。多见世面之后切记不要掉入"混"圈子的误区，而是要打磨自己的核心产品。只有打磨透一个点，你才能把所有的资源串起来，实现收益翻倍。

跟铁锤老师深度沟通后，我发现她之所以能活在自己的优势上，是因为做到了以下几点。

第一，不断破圈和学习

她之所以从最初售卖 399 元的录播英语课，进化到售卖 1000 元以上的中客单价英语启蒙陪跑，再到售卖 1 万元以上的留学产品，就是因为她毫不犹豫地向上社交、破圈学习。只有这样，她才能逐渐提升自己个人品牌影响力。

第二,立刻行动,小步试错

她从来不会想太多,也不会过于追求完美,而是小步试错。我们要先行动起来,在行动中不断优化。

第三,有所取舍,重点突破

她不会想把一个产品链条上的所有钱都赚完,也不会想去赚所有人的钱。她会找准自己的核心优势、核心客户,专注自己那一小部分,取得更大的成果。

铁锤老师是我诸多学霸好友中的一个,她打动我的不仅是她的知识和学识,还有她对竞争的正确理解和拓展。希望她的故事,能帮你走出竞争的陷阱,发现自己的优势,做更优秀的自己。

寄　语

璐璐老师活出了自己的独特风格，她不仅自己在自媒体平台取得了成果，还帮助更多的创业者看到了自己的价值。我非常认同她提倡的价值主张——活在你的优势上。这本书值得推荐给每一位焦虑、迷茫、想要创造价值的女性，因为这本书为每一个个体提供了如何一步步让自己的优势被看到并且获得回报的方法，是一本难得的兼备技法和心法的好书。

—— 刘 sir

《定位高手》作者、书香学舍主理人

《活在你的优势上》不仅是一本书籍，还是一场关于发现自我、逆转人生的心灵启迪之旅。璐璐用她的故事将我们带入了一个充满勇气和智慧的世界，教会我们如何在纷繁复杂的人生道路上，找到独属于自己的那把钥匙。在这本书中，璐璐告诉我们，如何依靠自身优势找准自己的定位，跳出自己的舒适区，勇敢地追求梦想。这本书的每一页都散发着她对生活的热爱、对梦想的执着。这本书让我们相信，无论遇到多少风雨，我们都有希望在优势的光芒下茁壮成长，有朝一日成为超级个体。

—— 肖厂长

星辰教育创始人兼 CEO、畅销书《私域资产》
《超级个体》作者

这本书既是一本图书，也是一本温情的心灵读物。璐璐老师用她独特的视角，剖析了如何将自身优势融入商业模式，让创业变得更加轻松。同时，她还为创业新手拆解了自媒体各个领域在小红书的变现之道，为创业者指明了一条具体可行的路径。她让我们相信，只要坚持发掘优势，我们就能不断向上破圈，实现事业的持续增长。

—— 王润宇

微信视频号创造营讲师，企业微信私域 Wetalk 讲师

《活在你的优势上》不仅是一本教你如何创业成功的书，更是一本教你如何成为更好的自己的书。它启发我们，人生要充分发掘自身优势，用自己的优势去创造与众不同的商业模式，不断超越自我。不论是在职场还是生活中，这本书都能给予你灵感和启发，助你实现自己的向上社交、

/ 寄语 /

不断破圈。

—— 粥左罗

《学会写作 2.0》作者、公众号拥有 110 万粉丝的自媒体人

璐璐老师是一位善于表达且取得过很多成果的作者。她写的内容说理到位,实用性非常强,给我带来了很好的阅读体验。如果你想要将自己的优势转化为可观的财富,那么你一定要好好阅读这本书。

—— 剽悍一只猫

个人品牌顾问、《一年顶十年》作者

璐璐老师深刻地阐释了如何通过优势找准人生定位,打造独特的商业模式。她深耕小红书多年,不仅自己在自媒体赛道中取得了好成绩,还培养了众多优秀的创作者。这本书揭秘了小红书运营的底层逻辑,还引领我们发挥优势,找到变现加速器,是新手想学习自媒体创业的必读指南。

—— 陆乔安 Joanne

小红书头部养生博主

璐璐是小红书的头部自媒体博主,凭借运营小红书实现了人

生跃迁。本书讲述了她根据优势找到自己的人生定位，借助优势打造自己的商业模式，凭借优势实现向上社交、不断破圈的核心方法。如果你也想通过自媒体放大自己的商业优势，那你一定要读这本书，它会给予你巨大的力量。

—— CC

大蓝、比尔盖南合伙人兼操盘手

《活在你的优势上》是一本让人眼前一亮的图书。璐璐是一位非常特别的女孩子，不仅有着敏锐的商业思维，还有着细腻入微的高情商。她以自己的真实经历，为我们揭示了如何根据个人优势，找到人生定位并巧妙地将其转化为商业模式，实现收入十倍增长的秘密。书中一个又一个引人深思的故事，让我们在阅读中深受启发，如同一盏明灯，指引着我们前行的方向。如果你想要实现人生的逆转、实现事业的突破，那么这本书你一定要看，它会带领你进入一个全新的世界。

—— 江湖格掌门

亿万操盘手私董会主理人

个人品牌时代，每个人都需要找到自己的独特优势并且持续打磨。璐璐帮助很多小红书博主找到了自己的独特优势，并且将之打磨成一个超级"印钞机"。如果你也感觉自己缺少独特性,活得很普通,不知道自己的价值在哪里,那么你一定要看看这本书。

—— 陈晶

星光私董会主理人、抖音头部商业博主

曾经我将"找到优势"作为一个解决方案,却忽略了很多人都面临着找不到自己的优势的难题。璐璐的这本书,清晰地拆解了找到优势的方法,并与商业模式和个人品牌完美结合。如果你正在寻找自己一生中最重要的精进方向,一定要看看这本书。

—— 笛子

《TikTok 爆款攻略》作者、福布斯创新企业家

G20 YEA 菁英企业家

在这个竞争激烈的时代,每个人都渴望找到独特的人生定位,追寻个人梦想的同时也实现商业突破。璐璐的新书,引发我们深入思考如何在自身优势的光芒下,开创属于自己的商业模式。通过璐璐的亲身经历,我们能从中明白,成功不是偶然,而是对自己优势的深刻认知,并将其转化为实际行动的过程。如果你正在追寻属于自己的成功密码,希望在

创业路上少走弯路，那么本书绝对是你的不二之选。

—— 高海波

蓝鲸公司创始人兼 CEO、鲸潮私董会主理人

自身优势是我们人生的秘密武器，它不但是我们的独特之处，而且是我们成功的跳板。这是一本与众不同的商业书籍，璐璐从她的小红书创业经验出发，告诉我们如何通过自媒体平台，实现了自己的人生跃迁。她的故事让人看到，每个人都有机会通过自己的优势，打造属于自己的商业模式，实现人生的跨越。

—— 李菁

畅销书作家

这是一本让人心生温暖的商业自媒体书籍。璐璐老师结合真实的故事，为我们揭秘了不同赛道在小红书上的成功之道。这本书不仅告诉我们如何找到内在优势，更教会我们如何将这些优势转化为独特的商业模式，依靠自媒体的超级杠杆实现弯道超车。在这本书里，你将感受到奋斗的力量，更重要的是，你会发掘自己的优势，发挥自己的独特光芒。

—— 佐侬

G20 YEA 青年委员

/ 寄语 /

这是一本我期盼了十年的书,从大学时期我就很困惑,我的优势到底是什么?我擅长的事情并没有对口工作,我喜欢的工作又缺少经验,这个问题一直困扰着我。我曾经踩过很多坑、白花过很多钱,在无数个夜深人静的时候悄悄哭过。对于一个普通家庭出身的人来说,无论是工作、副业、创业,做什么都很难确定自己的优势,更别说放大自己的优势。这本书我盼了很久、念了很久,期待每一个不够自信、不够坚定自身优势的人去阅读,你会逐渐看到曙光,更加坚定自己未来的方向。

—— 笋小钱

《如何有效阅读一本书》作者、头部读书自媒体博主

如果你觉得自己像是大海中的一滴水,那么你需要停下来,深入地思考一下:你究竟是谁?你的价值在哪里?你的优势又是什么?我相信这是一本能够改变你人生轨迹的书,这股能量,源自璐璐引领着许多原本平凡的人,从小红书一路前进,开创了属于他们的第二人生。你翻开的每一页纸,都有着这些平凡人的力量,都能让你更好地活在自己的人生优势上。

—— Bittle 白先生

《GPT 调教心流法》作者

璐璐是一个拥有超强前瞻力和感知力的人。过去两年，她深耕小红书取得了斐然的成绩，同时也帮助了无数创业者通过自媒体改变人生。她就是那个能一眼看清事物本质，快准狠地帮助你找准优势、摸清方向、给你信心和勇气的人。这本书从定位赛道、产品设计、商业模式等方面，详细阐述了如何围绕自身优势找到方向，百倍放大商业价值的方法路径，是能让你在创业路上少走弯路的破局指南，希望你一定要看完。你要知道：当你活在自己热爱的事情和自身优势上时，就是给这个世界最美好的礼物。

—— **丹丹**
视频号百万直播间主播